DESPERTAR
profissional

Daniela do Lago

DESPERTAR
profissional

DICAS PRÁTICAS DE
COMPORTAMENTO NO TRABALHO

Integrare
business

Copyright @ 2014 Daniela do Lago
Copyright @ 2014 Integrare Editora e Livraria Ltda.

Publisher
Luciana M. Tiba

Editor
André Luiz M. Tiba

Coordenação e produção editorial
ERJ Composição Editorial

Projeto gráfico e diagramação
ERJ Composição Editorial

Capa
Qpix – estúdio de criação – Renato Sievers

Foto da quarta capa
Marion Caruso

Preparação de texto
Bárbara Peroni Fazolari
Rafael Cancio Padovan

Dados Internacionais de Catalogação na Publicação (CIP)
(Câmara Brasileira do Livro, SP, Brasil)

```
Lago, Daniela do
    Despertar profissional : dicas práticas de
comportamento no trabalho / Daniela do Lago. --
São Paulo : Integrare Editora, 2014.

    Bibliografia.
    ISBN 978-85-8211-063-8

    1. Comportamento organizacional 2. Desempenho -
Avaliação 3. Desenvolvimento profissional
4. Habilidades básicas 5. Sucesso profissional
I. Título.


14-10204                                    CDD-650.1
```

Índices para catálogo sistemático:
1. Habilidade e desempenho : Aprimoramento : Sucesso profissional : Administração 650.1

Todos os direitos reservados à INTEGRARE EDITORA E LIVRARIA LTDA.
Av. Nove de Julho, 5.519, conj. 22
CEP 01407-200 – São Paulo – SP – Brasil
Tel. (55) (11) 3562-8590
Visite nosso site: www.integrareeditora.com.br

Agradecimentos

    Este livro é a realização de um sonho! Uma conquista e um passo importante na minha carreira.

    Elevo agradecimento a Deus que me abençoa de maneira tão especial nesta jornada aqui na Terra.

    Família é a base de tudo e a minha é espetacular. Sou grata pelos meus pais Jurandir e Neusa, que são meus eternos incentivadores e admiradores. Quem dera o mundo me visse sob olhar dos meus pais.

    Em especial minha irmã e amiga Debora, pela troca diária de amor e carinho que tanto me faz crescer, aos meus irmãos Ale e Andre pelo apoio, cunhados que me incentivam a sempre arriscar e fazer trabalho com excelência. Sou sortuda por fazer parte desta família, por aqui nós torcemos de verdade uns pelos outros.

    Sou grata pelos sobrinhos e afilhados tão lindos que somente elevar um pensamento a eles é suficiente para alegrar meus dias.

    Agradecimentos especiais e adoráveis aos meus poucos amigos, que mesmo distantes fisicamente estão sempre presentes. Sou grata porque sei que posso contar com vocês.

À minha equipe composta pelos melhores profissionais de mercado que cuidam com tanto carinho de mim e me ajudam na administração dos meus negócios.

Sou grata pela parceria com UOL, que sempre me deu liberdade para publicar os textos na minha coluna. À Editora Integrare, que me deu total apoio e abertura neste projeto.

Aos meus colegas palestrantes que dividem palcos comigo pelo Brasil com objetivo de exercer nossa missão de vida, porque ainda acreditamos no crescimento deste país por meio das pessoas.

Aos meus alunos, *coachees* e participantes dos treinamentos e palestras em todo Brasil, que me levam a pensar e repensar formas de unir o ideal da teoria acadêmica com o real da prática profissional.

Aos meus queridos leitores de diferentes idades e fases profissionais, desde estagiários até aposentados que, mesmo sem me conhecer pessoalmente, confiam e compartilham seus dilemas de carreira, meus sinceros agradecimentos, pois são vocês que me inspiram a escrever todos estes artigos.

Que as palavras e ideias contidas neste livro possam ecoar pelo tempo, para que, assim, todo profissional desperte e possa experimentar liberdade em sua carreira.

Prefácio 11
Introdução 13
1 Como conquistar seu primeiro emprego 15
2 Seguir minha vocação ou apostar em uma área promissora?. 19
3 A importância de se conhecer plenamente 23
4 Escolha da profissão. 27
5 Faça do seu currículo a isca perfeita para a vaga que tanto deseja! 31
6 Roupas para entrevista de trabalho 37
7 Será que escolhi a empresa certa para trabalhar?. 41
8 Como procurar emprego pelas redes sociais 45
9 Marketing pessoal: aprenda a vender a si mesmo! 49
10 Ter um plano B 53
11 Por que (ainda) estou desempregado? 57
12 Existe uma grande diferença entre ter uma vida aos 30 anos e começar uma vida aos 30 61

13	Pontualidade vale ouro: problemas com a cultura brasileira 65
14	Quando falamos sobre empresas, CELEBRAR é mesmo importante?..........69
15	Trabalho voluntário 73
16	Da porta para fora......................77
17	Santo de casa realmente não faz milagre?......81
18	Meu chefe não sabe o que faz. Falo ou não falo?.85
19	Quer aumento?........................89
20	Cometi um erro na empresa, e agora?........93
21	Etiqueta no trabalho 97
22	Inveja no trabalho 101
23	Pegação no trabalho....................105
24	Reputação em perigo 109
25	Gravidez e trabalho combinam?...........115
26	*Corporate bullying* 119
27	Assuntos do coração são mesmo complicados ..123
28	Estou desmotivado no trabalho! Como saio dessa?.......................127
29	Vou almoçar com o chefe, e agora?.........131
30	Dizer não ao chefe, como fazer?............135
31	Chefe mais novo.......................139
32	*Feedback* 145
33	Fofoca no trabalho.....................149
34	"Só realizo trabalho que mexe com meu bolso!" 153
35	Whatsapp e seus usuários abusados.........155
36	Sorria, você já foi marcado!...............159

37 Diferenças entre consultoria de recolocação profissional, *outplacement*, *headhunting* e *coaching* executivo....................163

38 Tenho um bom trabalho, mas não me sinto realizado. O que fazer?..............165

39 Permanecer no seu emprego atual ou mudar de profissão?..................169

40 Você quer ser o meu mentor?.............173

41 Todo mundo devia largar o emprego ao menos uma vez na vida...............177

42 Festa de final de ano na empresa...........181

43 Demissão responsável...................185

44 Fui demitido! Como sacudir a poeira e dar a volta por cima.................189

45 A hora da saída.......................193

46 Despedida na empresa, como deixar as portas abertas......................197

47 Por que a carreira de profissionais talentosos não decola?..................201

48 Viver para trabalhar ou trabalhar para viver?..205

49 Cuidado para não chutar o balde errado!......209

50 Quem nunca se achou bom demais para fazer determinadas tarefas na empresa?..........211

51 Diga adeus ao chefe insuportável...........215

52 No trabalho, jogue como homem, vença como mulher....................219

53 Um ano para pensar....................225

Conclusão...............................228

Prefácio

Sou uma pessoa bem seletiva e focada com parceiras e com quem indico. E por isso escrevo sobre a Daniela do Lago, que tive a oportunidade de conhecer em um evento em São Paulo, quando ela ministrava uma palestra.

Gostei do conteúdo, da forma e como aqueles conceitos, se aplicados, poderiam ajudar as pessoas. O livro *Despertar Profissional* oferece aos leitores crônicas, críticas, provocações e reflexões sobre carreira e trabalho.

Os textos são escritos como a autora vê e vivencia a vida corporativa por meio dos treinamentos comportamentais que ministra para inúmeras empresas em todo o Brasil, nos processos de *coaching* que conduz com diversos líderes e até mesmo nos depoimentos dos alunos dos cursos de MBA que ministra há mais de dez anos.

O conteúdo do livro se destina a todo profissional, seja os que têm carteira assinada, os estagiários, aqueles que possuem cargos de liderança e até mesmo aos empreendedores, independente do momento da carreira.

O nome escolhido para o livro foi muito bem pensado, afinal de contas, muitos profissionais estão pautando suas escolhas em expectativas irreais e, por isso, não alcançam sucesso em suas carreiras. Vejo pessoas reclamando de suas empresas todos os dias, não tendo nenhum momento de alegria e, com isso, precisam de um alerta, deste despertar. Esta é a sua oportunidade de acordar e tomar as rédeas de sua carreira.

As dicas da Daniela buscam orientar desde aquele que está iniciando na empresa, até quem está se aposentando, sempre com dicas práticas e imediatamente aplicáveis, com intuito de fazê-los crescer, aprender e avançar na carreira.

Hoje, somos parceiros de negócios e indico a Daniela com segurança. E, obviamente, recomendo a leitura do livro, que está em um formato de pílulas de conhecimento, que podem ser aplicadas em situações específicas. Assim, como meu último livro, esta obra é prática, direta e economiza tempo do leitor.

Muito sucesso com a leitura e que façam bom uso do tempo!

Christian Barbosa
Empresário e autor do livro *A Tríade do Tempo*

Introdução

O que é mais importante para sua carreira atualmente: habilidade técnica ou habilidade comportamental? É bem verdade que ambos são importantes para sucesso na carreira de qualquer profissional, mas, sem dúvida, o fator que te impulsiona na carreira ou que te faz tropeçar é sua habilidade comportamental.

Há pouco tempo atrás, ser um especialista de qualquer habilidade técnica garantia um trabalho e até mesmo segurava um profissional na empresa.

Hoje, tudo mudou. Vivemos em um mundo tecnológico veloz em que qualquer profissional com um mínimo de vontade consegue ser um especialista de qualquer coisa a um custo de uma banda larga. Isto quer dizer que a habilidade comportamental está sendo valorizada, é o que faz a diferença na vida de qualquer profissional.

Habilidade comportamental não pode ser comprada, terceirizada ou até mesmo ensinada, não é de fora para dentro e sim de dentro para fora. Não está atrelada a idade cronológica, tampouco a experiência profissional. Conheço vários profissionais com idade cronológica avançada e são extremamente imaturos em termos comportamentais. Da mesma forma que conheço vários jovens que não têm sequer experiência profissional e são extremamente maduros na parte comportamental. Habilidade comportamental está ligada a escolha interna de cada ser humano.

Este livro trata sobre dilemas da vida corporativa e reúne uma coletânea dos artigos mais acessados e comentados da minha coluna na internet nos últimos cinco anos, que estão juntos neste livro na forma de capítulos.

Todos meus textos são situações reais sobre dilemas de comportamento no trabalho, vivenciadas por mim ou confidenciadas pelos profissionais das diversas empresas que atendo com meus treinamentos, processos de *coaching* e palestras. Nos últimos 12 anos percebi que mudam as empresas, mudam os estados, nos diversos segmentos, com produtos distintos, mas quando se trata de comportamento na empresa, os problemas se repetem!

Como professora dos cursos de MBA também tenho sorte de aprender e trocar experiências sobre as dificuldades comportamentais e de relacionamentos enfrentadas pelos melhores executivos do mercado brasileiro.

O conteúdo do livro se destina a todo profissional de empresa independente do momento da carreira, ou seja, os textos buscam orientar aquele que está iniciando na empresa até quem está se aposentando, sempre com intuito de fazê-los crescer, aprender e avançar na carreira.

Busco oferecer aos leitores crônicas, críticas, provocações e reflexões da vida corporativa moderna, sempre com dicas práticas e imediatamente aplicáveis.

Espero que todo profissional que leia este livro possa ficar antenado com o novo mundo corporativo e que as dicas apresentadas possam levá-lo na direção para alcance de suas metas em um curto espaço de tempo.

Boa leitura!

Como conquistar seu primeiro emprego

Conquistar o tão sonhado primeiro emprego é uma das mais difíceis tarefas do jovem recém-formado ou daqueles que buscam uma atividade com ganhos financeiros para ajudar no seu próprio sustento e colaborar com as despesas familiares. Por outro lado, na hora da contratação, as empresas estão cada vez mais exigentes. O candidato, além de possuir todas as competências técnicas e comportamentais necessárias ao cargo, esbarra com o principal obstáculo: a falta de experiência nas atividades que irá desenvolver.

Por onde começar para adquirir a tal da experiência se o candidato tampouco conseguiu seu primeiro emprego? Como preencher o currículo? Como se comportar em uma entrevista sem tremer? O que devo falar quando me perguntarem sobre minha experiência anterior? Será que vou me adaptar?

O que sempre digo a essas pessoas que me escrevem com muitas dúvidas: nunca desanimem. Se você está começando agora sua vida profissional, é preciso ter muita persistência e motivação para superar esse momento. Lembre-se que a maioria daqueles que estão empregados passaram por essas mesmas dificuldades, e o fato de você ainda não ter a exigida experiência e vivência pode ser compensado e até superado por outras qualidades pessoais.

Para isso, você precisa estar bem-informado de como são feitos os processos de recrutamento e o que cada empresa busca em seus contratados e, nesse caso, a inexperiência e um currículo adequado podem não ser uma desvantagem. Segue algumas dicas que poderão ajudar:

- **Faça um inventário de suas habilidades:** você precisa ter consciência de suas aptidões, pontos fortes e dos aspectos que precisam ser desenvolvidos, em termos de conhecimentos, habilidades e comportamentos. Seu talento para lidar com conflitos entre os alunos no trabalho de dissertação da faculdade, por exemplo, pode ser usado em qualquer emprego.

- **Dedique-se aos estudos, principalmente os de natureza profissionalizante:** adquirir conhecimentos de ferramentas básicas de informática; estar atento aos cursos extracurriculares, aos eventos e atividades culturais, muitos deles gratuitos ou de baixo custo; navegar na internet; estar "antenado" com o mundo; desenvolver o hábito da leitura (livros, revistas, jornais etc.); e buscar o domínio de outro idioma são iniciativas capazes de ampliar suas possibilidades de sucesso na busca pelo emprego.

- **Participe de trabalhos voluntários (em uma ONG ou associação comunitária, por exemplo):** além de fazer o bem a quem recebe, têm se mostrado como grandes chances para os jovens desenvolverem habilidades de liderança, trabalho em equipe, comunicação verbal e relacionamento interpessoal, que ajudam a ampliar a visão prática do mundo, das organizações e a formar uma rede de relacionamentos.

- **Aproveite também as oportunidades de empregos temporários:** normalmente voltados às pessoas sem experiência, esse tipo de atitude valoriza o profissional e ajuda a enriquecer o currículo.

- **Construa um bom *networking*, ou rede de relacionamentos**: isso poderá desempenhar um papel importante para conquistar seu primeiro emprego, e também ao longo de toda sua vida profissional, para isso, faça uma lista com o nome de todas as pessoas que você conhece, inclua amigos, parentes, colegas de escola/faculdade, profissionais de sua área e de áreas diversas de seu setor de atividade, identifique e procure pessoas que tenham poder para contratar você – às vezes você não conhece ninguém próximo que poderia lhe ajudar diretamente, no entanto, tem um amigo cujo pai trabalha em uma empresa que poderia ser uma boa opção de emprego ou estágio para você, neste caso, você tem um bom contato, um ótimo "cartão de visita" que poderá lhe abrir as portas daquela empresa –, não se esqueça de mandar mensagens por e-mail ou fazer contatos telefônicos, mostre às pessoas que está buscando emprego, explique as razões e peça para avisá-lo caso saibam de alguma oportunidade. É importante que você também se coloque à disposição destas pessoas para atendê-las no que for possível, e seja sincero em sua afirmação.

- **Defina os meios para buscar uma vaga:** atualmente existem diversas formas para buscar uma colocação no mercado, como anúncios em jornais; anúncios de estágios nas faculdades; sites de emprego na internet;

cadastrar seu currículo diretamente no site da empresa etc. O candidato poderá utilizar todas estas opções, pois assim aumentará sua chance de sucesso.

Agora é só aguardar. Logo surgirão convites para que você participe de algumas entrevistas. Lembre-se que no início de toda carreira, manter-se focado é competência fundamental para atingir seus objetivos.

Sucesso a vocês!

Seguir minha vocação ou apostar em uma área promissora?

A escolha da profissão é uma das decisões mais difíceis que devemos tomar em nossas vidas. Não é por acaso que os jovens ficam angustiados quando chega a hora da escolha da faculdade que farão e da consequente profissão que seguirão. Por termos que decidir o caminho profissional muito cedo, é comum vermos pessoas eternamente insatisfeitas com a carreira escolhida.

Além da idade, outros motivos que dificultam a escolha sobre qual carreira seguir são os modismos sociais. A sociedade vive apontando algumas profissões como sendo as melhores, as mais reconhecidas e as com melhor remuneração.

Isso sem falar da família, que muitas vezes orienta os filhos a seguirem o mesmo caminho dos pais ou profissões tidas como tendo maiores possibilidades de reconhecimento, principalmente financeiro.

Quando se escolhe uma profissão de acordo com estas influências e sem observar o talento nato, é comum acontecerem escolhas equivocadas. Logo, nos deparamos com uma dúvida: "Devo então fazer somente o que eu gosto?". Digo, com certeza, que o melhor é investir em uma carreira na qual se tem talento e não pautar-se somente pelo que gosta.

Vou explicar melhor. Vejo todos os dias pessoas vivendo em um paradigma, pensando que devem fazer somente o que gostam para terem sucesso e serem felizes. Se eu fosse fazer somente o que gosto, provavelmente eu estaria jogando vôlei, pois adoro este esporte. Mas sabe o que acontece? Não tenho a menor habilidade para tal!

Quando escolhemos uma profissão focando no nosso talento, estamos seguindo nossa vocação, atendendo a um chamado interior. Neste sentido, poderemos utilizar nossos dons e, automaticamente, passaremos a gostar do que fazemos. Esse é o grande segredo do sucesso em sua profissão.

Quando estamos na direção certa, com certeza o reconhecimento vem, incluindo o financeiro, e tudo parece fluir naturalmente.

E é importante lembrar que cada um tem o seu horizonte a seguir. Há talentos diferentes para todas as profissões, desde as mais tradicionais às mais alternativas.

Quando não trabalhamos de acordo com nosso talento, ficamos irritados, de mau humor, frustrados, entediados e, por consequência, os resultados ficam comprometidos. Se você se sente frustrado com a sua profissão, é chegada a hora de uma revisão de vida.

Analise a sua vocação, os seus talentos e corra em direção dos seus sonhos. Ainda assim, e por mais que escolha a profissão de acordo com a sua vocação, haverá inúmeras tarefas que não serão fáceis de cumprir, mas que você realizará por amor e por respeito à sua missão e às pessoas que dependem de sua competência.

Pense bastante antes de escolher uma profissão. Comece eliminando trabalhos que não tem habilidade e talento para tal. Assim, você diminui a possibilidade de uma escolha não acertada.

Lembre-se: quem está escolhendo a profissão é você. Opiniões são bem-vindas, porém, a responsabilidade da decisão é sua.

Procure refletir sobre como se imagina no futuro (a médio e longo prazo) e o que o leva a escolher determinada profissão. Pense no que você quer para seu futuro e na caminhada para alcançá-lo.

Não se deixe influenciar pela concorrência nos cursos e nem pela saturação do mercado, sempre há espaço para pessoas competentes e talentosas.

Vale também conversar com profissionais do mercado da área que pretende seguir. Pesquisas em diferentes fontes de consultas disponíveis, como revistas especializadas, sites, guias e manuais de universidades são indispensáveis.

Por fim, controle sua ansiedade para evitar tomar uma decisão apressada. Se conscientize de que nenhuma opção profissional precisa ser definitiva. Pensar em algo como sendo "para sempre" tem um peso enorme. A profissão é uma escolha que se renova. Não é definitiva. Novos caminhos podem surgir durante a faculdade, o que não deve ser visto como sinal de indefinição, e sim de procura autêntica. E se no final perceber que fez uma escolha errada, pense a respeito com seriedade. Se sentir que errou, mude e recomece.

A importância de se conhecer plenamente

É tão fácil reconhecer características tanto positivas quanto negativas nos outros, mas é tão complicado descrever nossas próprias características, sejam elas positivas ou negativas.

Isso nos faz refletir quanto à importância de nos conhecermos verdadeiramente. Gostaria de provocar nos leitores esta reflexão, tanto no aspecto profissional quanto no pessoal. Seria como colocar um grande espelho na frente de todos vocês, para que possam se enxergar e, a partir deste confronto, desenvolver estratégias para administrar suas dificuldades, bem como usar pontos fortes a seu favor e atuar no controle dos pontos fracos.

Sempre digo aos meus alunos e clientes da importância de se conhecer plenamente. Afinal de contas, a essência de um verdadeiro líder é extrair o que há de melhor em seus liderados. Mas como é que se faz isso se o próprio líder não sabe o que há de melhor nele mesmo? É resgatada então a importância do autoconhecimento.

Eu os convido a fazer uma simples autoanálise. Se tivessem que fazer uma lista de pontos fortes e fracos, vocês saberiam me responder de bate-pronto? Este é um dos primeiros trabalhos que aplico aos meus alunos do MBA.

Pois bem, costumo dizer que todos nós seres humanos temos no mínimo 40 pontos fortes. É isso mesmo! Este número mínimo foi o resultado de um estudo de vários anos aplicando este exercício de identificação da lista de pontos fortes e fracos com meus alunos. O número 40 é a média que mais de seis mil alunos me apresentaram em seus trabalhos.

Então, voltando ao mínimo de 40 pontos fortes, você saberia me dizer quais são os seus? Se não consegue se lembrar de metade desta lista, está na hora de começar a se conhecer melhor. Se nós temos 40 pontos fortes, quantos pontos fracos vocês acham que temos? Temos no mínimo 20 pontos fracos. Quando geralmente comento que são no mínimo 20 pontos fracos, as pessoas não se assustam tanto e consideram até fácil listar esse mínimo.

Se também acredita que é fácil escrevê-los, pare para pensar as razões que sabe de prontidão seus pontos fracos e não sabe seus fortes.

Vivemos em uma sociedade de crítica em que as pessoas têm o hábito de enxergar somente as fraquezas dos outros. Afinal, criticar faz parte da liberdade de cada um. Porém, a diferença se faz quando a crítica é inteligente e construtiva, podendo nos levar a ações.

Mas o fato é que a grande chave para você está em saber controlar seus pontos fracos e expandir seus fortes. Controle é uma característica que pode ser vista com certo receio pelas pessoas. Não falo do controle que aprisiona, que limita, mas do controle necessário para que fique atento às suas atitudes. Parece paradoxal, mas como podemos crescer e evoluir – sendo que ambos são formas de controle –, se não controlamos nem a nós mesmos?

Vou explicar a melhor maneira para se fazer este trabalho de autoconhecimento: para começar, você deverá escrever esta lista sozinho, tome um tempo para colocar no papel todos os pontos fortes e fracos que lembrar a seu respeito; para o segundo passo é importante que peça ajuda, mesmo que já tenha completado o número mínimo requerido de 40 fortes e 20 fracos. A ajuda para completar pontos fortes pode ser solicitada a qualquer pessoa. Diga que está fazendo um trabalho de autoconhecimento e peça para a pessoa ajudá-lo dizendo um ponto forte que vê em você. O que a pessoa disser, escreva na lista e apenas agradeça.

Para os pontos fracos também é importante pedir ajuda, mas preste atenção na forma de ajuda: só poderá recorrer aos pais, irmãos, filhos, esposa ou marido. Estas pessoas conhecem você como realmente é, sem as "máscaras" do dia a dia, por isso eles dirão os verdadeiros pontos fracos que você tem. A premissa é a mesma, diga que está fazendo trabalho de autoconhecimento e peça para esses familiares ajudá-lo dizendo os pontos fracos que enxergam em você. O que eles disserem, escreva na lista e apenas agradeça.

Este exercício vai criar dentro de você uma espécie de alicerce de autoconfiança, que lhe ajudará a manter o equilíbrio emocional em momentos de crise e *feedback* negativo na empresa.

Muitos filósofos já afirmaram que "nossos maiores inimigos somos nós mesmos". Então, que o propósito maior de nossas vidas não seja simplesmente o crescimento aleatório, mas sim o desenvolvimento, que significa evolução.

Ninguém muda de um dia para outro, mas enquanto não mudamos, exercitemos para isso, e mais uma vez, é preciso que nos enxerguemos!

Por isso digo que é de vital importância a gente se conhecer plenamente, somente assim vamos aprender, crescer e avançar na vida. Busque este autoconhecimento e seja espetacular em sua carreira.

Escolha da profissão

Todo jovem quer crescer, evoluir e usufruir de suas conquistas. Para tanto, a escolha da profissão é um passo importante na vida de qualquer pessoa. Alguns afortunados já sabem desde muito cedo o que querem fazer da vida e que carreira e profissão seguir; contudo, esta não é a realidade para a maioria dos estudantes, muitos chegam ao ponto de não terem ideia sobre qual carreira escolher já na época de inscrições para o vestibular.

Mas, então, o que fazer para escolher a profissão correta? Não há fórmula mágica, mas alguns pontos devem ser levados em conta na hora em que você estiver buscando a profissão ideal.

Você pode ser o que você quiser! É isso mesmo, não tem regra e ninguém nasceu predestinado a nada! Claro que de nada adianta desejar algo e ficar dormindo em casa esperando acontecer. Se tiver preparado para "arregaçar as mangas", então terá o mundo de escolhas. Frequentemente, as pessoas falam mais do que fazem. Seja uma exceção a essa regra. Seja uma pessoa conhecida por suas ações e iniciativas. Assim, você desenvolverá uma habilidade e se tornará a melhor pessoa que pode ser.

Tenha objetivo claro de vida. Onde quer estar? Pense no futuro e tenha perspectiva. Quando não se sabe qual destino da viagem, não há razão para seguir sua caminhada, não é mesmo?

Para definir seu objetivo de vida, saiba o que o sucesso representa para você. Afinal de contas, o que motiva seu colega com certeza é diferente do que te motiva.

O que acontece na faculdade nem sempre reflete na vida real. Às vezes imaginamos uma profissão e temos uma vaga ideia sobre os dilemas enfrentados no dia a dia. Muitas vezes podemos cair na armadilha de visualizar apenas momentos felizes e de sucesso desta profissão. Nem tudo o que estudamos acontece na prática ou, até mesmo, temos ideia prática da profissão e ficamos desapontados com as matérias ministradas na faculdade.

O fato é que mesmo os que já têm definido o que anseiam profissionalmente, muitas vezes mudam de opinião, largam a faculdade e até o trabalho após formado e aventuram-se em outro vestibular para tentar outra carreira, não raramente, totalmente diferente da carreira anterior.

Está tudo bem mudar de opinião em relação a sua profissão, desde que seja decisão consciente de que toda carreira tem seus altos e baixos.

Fique antenado no mercado saturado, mas cuidado com profissões da moda. Ao escolher uma profissão, o estudante deve ver além do horizonte. Enquanto a maioria dos estudantes pesquisa apenas o mercado atual e a possibilidade futura de mercado para a carreira que pretende seguir, há diversos outros fatores que devem ser analisados antes de tomar a decisão e que na grande maioria das vezes são esquecidos.

Algumas profissões estão sempre se modificado, o profissional de informática de hoje com certeza é muito diferente de dez anos atrás. Procure saber os caminhos que a profissão que você pretende seguir está tomando e veja o que é necessário para ser bem-sucedido nela.

Não espere resultados imediatos. É bem verdade que queremos ser felizes agora e esse senso de urgência precisa ser compreendido, pois está alinhado com momento de vida pelo qual o jovem está passando. O fato é que terá sim desafios pela frente e não vá achando que lidar com fatos difíceis do dia a dia seja desperdício de tempo, porque não é. Para poder entrar no mercado de trabalho é necessário se especializar e isso requer tempo.

Fazer o que gosta ou fazer o que tem talento? Essa é uma boa pergunta, pois você pode amar o que você está fazendo, porém se não tiver talento para desempenhar o trabalho, não terá chance de ser bem-sucedido.

O talento sozinho não garante o sucesso. Você deve conhecer muita gente, artistas, por exemplo, que tem muito talento e acabam no anonimato. O talento é indispensável para fazer algo com maestria, mas o conhecimento dará a base necessária para transformá-lo em ouro. Essa combinação de talento + conhecimento resultará em uma atividade que gosta de fazer. Essa fórmula é chave para o sucesso profissional.

O sucesso profissional pode independer do sucesso financeiro. Não paute sua escolha de profissão apenas no dinheiro. Ame essa profissão com todo o coração. Persiga fazer o melhor e realize, o dinheiro virá como consequência.

Quem pensa só em dinheiro limita seu potencial criativo. Alexandre, o Grande, não conquistou o mundo por dinheiro e nem Michelangelo passou 16 anos pintando a Capela Sistina por dinheiro. E, geralmente, os que só pensam nele não o ganham. Porque são incapazes de sonhar.

Escolha o que escolheu e não olhe pra trás. Ao tomar sua decisão de profissão, foque neste caminho e tenha disciplina. Saiba que vai lidar com os fatos difíceis, pragmáticos e terá que fazer o necessário para que as coisas aconteçam. De nada vai adiantar ficar olhando para outras profissões quando tiver passando por uma dificuldade. A síndrome da "grama do vizinho é mais verde que a minha" pode prejudicar sua caminhada.

Você é o único responsável pelo seu destino. Seu futuro está em suas mãos.

Faça do seu currículo a isca perfeita para a vaga que tanto deseja!

Recebo constantemente centenas de e-mails de profissionais aflitos por não estarem conseguindo nem sequer participar de entrevista de trabalho e me perguntavam qual seria o problema.

A resposta é complexa, claro, mas a primeira dica que dou é checar se o currículo está adequado para o mercado de trabalho.

Por isso achei que seria importante organizar todas as dicas em um capítulo que poderá ser útil a tantos profissionais que se encontram nesta mesma situação.

Levando em consideração que um selecionador leva cerca de 40 segundos analisando cada currículo, fica o desafio de deixar o seu o mais interessante para que sirva de "isca" para a vaga desejada.

Digo que o seu currículo tem que funcionar como uma "isca" para que chame a atenção do selecionador e que ele tenha a curiosidade em te conhecer pessoalmente, te chamando assim para a tão esperada entrevista.

Aqui vão algumas dicas que vão fazer do seu currículo a "isca" perfeita para que passe nesta primeira etapa de um processo seletivo:

1. **Dados pessoais:** coloque seu nome destacado, informações dos dados pessoais, endereço, telefone fixo, celular e e-mail. O objetivo é que o selecionador possa te encontrar com facilidade.

2. **Objetivo:** esta é a parte fundamental do seu currículo. Tenho visto inúmeros currículos sem o objetivo informado. Importante que tenha seu objetivo claro, para qual vaga ou área deseja se candidatar, afinal esse é primeiro item que olhamos no currículo antes mesmo dos seus dados pessoais.

Imagine que o selecionador está organizando em locais diferentes os currículos para as vagas, onde ele iria colocar o seu se não tem objetivo destacado? Certamente vai direto para o lixo!

Alguns profissionais confidenciam para mim que não colocam o objetivo no currículo por simplesmente não saberem para onde ir, nem que área poderiam se destacar e esperam que o selecionador faça isso por eles.

Infelizmente essa possibilidade é quase nula nas empresas. A rotina da área de recrutamento e seleção é muito corrida e os selecionadores não dispõem de todo o tempo que precisariam para analisar com esta precisão os currículos que recebem.

Agora, pense bem, quem seria a melhor pessoa que poderia saber qual a melhor área para você trabalhar? Claro que é você! Ninguém melhor que você pode saber desta informação.

Para aqueles que estão pensando algo como: "não sei para onde quero ir", lembre-se: "para quem não sabe o que quer, qualquer coisa serve! Para quem não sabe aonde ir, qualquer caminho serve!".

Se você não sabe o que é melhor para você, ninguém saberá. Portanto, foco e objetivos claros são fundamentais para este primeiro passo em sua carreira.

3. **Qualificações pessoais:** coloque em tópicos sua experiência adquirida. Sabe aquele conhecimento que só você tem e que independe da empresa que trabalha?

Nada de escrever detalhes demais das atividades que desempenhava nas antigas empresas. Quando eu trabalhava em empresa, era responsável por um programa bem complexo de treinamento específico destinado aos vendedores de concessionárias. Ao invés de colocar no meu currículo os detalhes deste programa, descrevi que tinha "experiência em treinamento de vendas". Simples, claro e objetivo. Disponibilidade para viagem vale aqui também.

4. **Formação acadêmica:** sempre do último curso para o primeiro. Não esqueçam o nome da instituição, nome do curso e ano de formação.

5. **Experiência profissional:** recomendo que coloque da atual ou última empresa para a primeira que trabalhou. Se já passou por muitas empresas, procure destacar as mais relevantes. Faça de uma forma sucinta, clara e objetiva.

Lembre-se que o objetivo é para o selecionador agendar uma entrevista contigo. No dia da entrevista você pode falar melhor sobre sua experiência profissional.

6. **Cursos extracurriculares:** vale destacar os cursos que vão contribuir para a vaga ou área que está buscando. Entendo que aquele curso de culinária e aulas de surfe foram inesquecíveis na sua vida, mas nada vão adiantar se estiver se candidatando para área financeira, por exemplo.
Portanto, pense bem antes de colocar todos os cursos que fez, pode gerar confusão.

7. **Idiomas:** só coloque que é fluente em algum idioma se realmente for. Sabemos que o papel aceita tudo, mas não se coloque em situação constrangedora.

8. **Informações adicionais:** não é obrigatório ter esse item no currículo, mas vale acrescentar aquele trabalho social, *hobbie* bacana e saudável que pratica.

9. **Cuidado com suas comunidades nas redes sociais:** é muito comum os selecionadores darem uma olhadinha nas comunidades daqueles que já foram pré-selecionados. Portanto, cuidado com as mídias sociais, como Twitter e Facebook. Você pode ser eliminado antes mesmo de ter sido chamado para entrevista.

10. **Agora é só organizar o currículo e enviar:** uma boa formatação e apresentação do currículo demonstram extremo autocuidado e dizem muito bem a seu respeito. Nem preciso falar da correção ortográfica, erros de português arranham sua credibilidade.

O melhor momento para procurar trabalho é quando não está precisando.

Então, o que está esperando para enviar o seu currículo? Se for chamado para entrevista, poderá avaliar o que é melhor para você. Agora, se enviar e não receber nenhuma resposta, veja bem, essa já é uma resposta de que algo está faltando em seu currículo!

Agora sua "isca" está pronta, comece lançando para empresas selecionadas por você e, claro, lembre-se que para alcançar bons resultados deve ativar sua rede de contatos também.

Boas entrevistas!

Roupas para entrevista de trabalho

Escolher as peças de roupas inadequadas para uma entrevista de emprego ou no dia a dia do trabalho pode transmitir impressão negativa a seu respeito. Mas, por que ainda há tantos profissionais tropeçando neste quesito?

O velho ditado que diz "a primeira impressão é a que fica" é bem clichê, mas é verdade. Sabemos que não se deve julgar ninguém pela sua aparência, mas nem sempre isso acontece nas empresas. Portanto, fique atento ao impacto que sua aparência causa nos ambientes corporativos.

Sua imagem é muito importante e com raridade você terá segunda chance de causar uma primeira boa impressão. Cada ambiente requer vestimenta adequada, portanto precisamos nos adaptar e, independentemente das tendências da moda atual, no trabalho as regras são clássicas.

O sucesso de sua entrevista pode depender das peças que escolhe em seu guarda roupa, por isso, não custa nada repassarmos algumas dicas sobre como se vestir para esta ocasião:

1. Pesquise sobre a cultura da empresa, pois os trajes indicarão o estilo adotado na organização que pode variar de uma corporação para outra. Saiba que, mesmo em uma entrevista, para empresas mais abertas e modernas optar por calça social e camisa não irá prejudicá-lo. As boas novas é que não há como errar. Na dúvida, escolha sempre a roupa mais formal. O figurino deve estar de acordo com a cultura da empresa.

2. Quanto mais alto o cargo que estiver em questão, mais formal precisará ser a roupa, tanto para mulheres quanto para homens.

3. Não exagere nas cores, as discretas são as mais indicadas, afinal o destaque deve ser você e suas competências. Cuidado com o excesso de perfume ou desodorante, o exagero pode incomodar.

4. Maquiagem leve e cabelos bem-penteados demonstram asseio com você mesmo. Esses cuidados refletem um ar *"clean"* e profissional. Para os homens, a dica é procurar estar de barba feita, cabelos arrumados e unhas decentes. Fique atento ao gel, ele pode ser usado, mas procure evitar a aparência de cabelos molhados, que pode afastar as pessoas.

5. Para as mulheres, a dica é optar por calça nos primeiros encontros seletivos: em algumas etapas do processo, as empresas aplicam dinâmicas de grupo geralmente com atividades que exigem que os concorrentes se sentem no chão. Então, para não ficar em desvantagem, nada de saia. A roupa deve ser confortável.

Você precisa estar focada e confiante, não deve usar algo que vá atrapalhar ou tirar sua concentração.

6. Se optar por usar saia, fique atenta ao comprimento que deve estar sempre abaixo do joelho.

7. Mesmo no calor, evite blusinhas de alcinha que mostrem a alça da *lingerie*. Procure blusas que cubram os braços.

8. Decote é um assunto complicado, pois cada mulher tem uma ideia e parâmetro do que é aceitável em seu corpo. Eu tenho uma dica: coloque sua mão na altura da axila e trace uma linha imaginária, pois bem, essa é a linha que seu decote nunca deverá ultrapassar.

9. Transparência nem pensar. Evite costas de fora e procure não expor o *piercing*.

10. Escolha brincos pequenos e discretos. Nada que faça barulho deve ser colocado. Pode tirar atenção do selecionador e pode até irritar as pessoas.

11. Para os homens, nem sempre é necessário o uso de terno e gravata, principalmente para cargos iniciais na empresa. A dica é optar por calça escura e camisa social, sem gravata. Evite tênis, sapato sempre é a melhor pedida, mesmo usando com calça jeans escura vai combinar e ficará legal.

Obviamente sua vestimenta não é o fator mais importante na entrevista e nem garantirá sua vaga, no entanto, o que você veste dirá muito a seu respeito e você não pode permitir que a aparência derrube seu bom currículo.

Será que escolhi a empresa certa para trabalhar?

É cada vez mais comum ouvirmos profissionais se questionando se fizeram a opção correta aceitando seus trabalhos atuais, se estão atuando na área certa ou na função que realmente gostam.

Escolhas erradas podem ser responsáveis por profissionais frustrados e infelizes. Casos de profissionais que abdicaram de sua real vocação por pressão familiar, por imaturidade ou necessidade financeira são, ainda, frequentes no mercado profissional.

Por que as pessoas fazem escolhas profissionais erradas?

Não existe uma resposta padrão, talvez muitos profissionais estivessem desempregados e acabaram aceitando a primeira oportunidade que lhes foi dada, pois precisavam pagar suas contas.

Ou talvez quando você assumiu a responsabilidade e aceitou seu trabalho atual, não sabia como seria essa trajetória e muito menos o seu fim. Tudo o que pensava era que ingressar em um desses cargos logo no início da carreira, em uma empresa conceituada, podia ser uma grande oportunidade profissional.

Agora, será que realmente você fez a escolha certa?

Sabemos que trabalhar em uma empresa conceituada faz sim diferença no currículo e até nas oportunidades que você terá ao longo da carreira. Mas, isso está bem longe de ser tudo. O fato da empresa ser conhecida e oferecer uma aparente estabilidade não quer dizer que ela seja boa para você.

Também sabemos que a remuneração é importante, afinal quem não quer ganhar um bom salário e diversos benefícios? O fato é que se escolheu sua empresa atual porque ela te oferece um mega salário, fique atento, pois se o negócio não combina com você, com certeza logo estará insatisfeito.

Vamos a algumas dicas para você refletir se fez a escolha certa e ficar atento a estas perguntas antes de ingressar na próxima empresa:

1. **A empresa atual possui os mesmos valores que o seu?** Pesquise sobre os valores que sua empresa tem, bem como seu significado e verifique se estão congruentes com os seus, caso não esteja, essa pode ser a razão de sua insatisfação com a realidade atual.

2. **O tipo de negócio, produto ou serviço que sua empresa produz, comercializa ou representa te traz orgulho e admiração?** Um erro comum é perder o gosto pelo trabalho devido a falta de identificação com o tipo de negócio que sua empresa oferece.

Geralmente, quando não há essa admiração, a desmotivação aparece.

Pois bem, se respondeu negativamente as perguntas acima, não entre em "crise profissional", afinal você não está sozinho. O que recomendo é que primeiro não se desespere, isso pode acontecer, mas é preciso achar a causa e entender os motivos.

Importante também não confundir a falta de gosto pelo seu atual trabalho ou pela empresa com uma possível escolha errada da sua profissão.

Recorrer a um *coach*, conversar com profissionais qualificados e que te ajudem a encontrar o real problema também é uma dica valiosa e fácil de colocar em prática.

Escolher a empresa certa para trabalhar é como escolher uma pessoa para casar. Funciona exatamente como um casamento. Antes de se casar com uma pessoa, primeiro existe um interesse, depois o namoro e, na sequência, o casamento. Para escolher a empresa funciona da mesma forma: primeiro existe um interesse pelo tipo de negócio que a empresa oferece, depois a fase do "namoro" é o período de experiência, em que você passa a conhecer melhor o dia a dia da empresa. Passado este período de namoro com sucesso, você será contratado para trabalhar na empresa, assinando assim um contrato de compromisso. Exatamente como funciona um casamento. Se pensarmos bem, no casamento os dois lados interessados têm que dar e receber, existe compromisso mútuo, momentos de pedir o que deseja e outros em que tem que ceder. Quando há insatisfação por qualquer uma das partes, haverá o rompimento, a separação, no caso da empresa, a demissão.

Assim como você não escolhe qualquer pessoa para se casar, por que vai escolher qualquer empresa para trabalhar? Pense nisso.

Como procurar emprego pelas redes sociais

Foi-se o tempo em que você tinha que imprimir seu currículo para concorrer a uma vaga de emprego. Antigamente a melhor maneira de alcançar uma oportunidade era ir até uma empresa de recrutamento e seleção, checar a relação de vagas abertas nas empresas e se candidatar àquelas cujo perfil agradasse e finalmente participar dos processos seletivos.

Pois bem, esse caminho ainda existe, no entanto é cada vez maior o número de empresas que usam as redes sociais, Twitter, Facebook e LinkedIn para selecionar seus profissionais.

Agora, como é possível aproveitar todos os benefícios dessas ferramentas e usá-las a seu favor na hora de procurar um emprego? Aqui vão algumas dicas:

1. É fato que as pessoas conseguem um emprego por intermédio de outras pessoas e não somente pelo computador. Portanto, a dica é não se esconder atrás do computador! É muito comum escutar de alguns jovens que todos os dias eles buscam emprego pela internet e não encontram. Não espere resultados imediatos. Dificilmente você encontrará uma vaga de forma fácil e rápida ou ao recorrer somente à internet. As empresas costumam ter em seus portais uma área "trabalhe conosco". Acessar e registrar seu currículo é somente o primeiro passo.

2. Potencialize seus contatos: quando você relacionar as empresas onde deseja trabalhar, pesquise entre seus contatos se eles conhecem alguém que trabalha nestas empresas. Isso aumenta suas chances de sucesso na hora de se candidatar e conquistar a vaga.

3. Construa sua influência *on-line* e saiba que *networking* dá trabalho sim. Não faça *networking* apenas quando precisa. As conexões que fazemos nas redes sociais são semelhantes às realizadas fora do mundo digital. Portanto, não vá procurar as pessoas apenas quando interessar a você. A melhor forma de receber recomendações é recomendar primeiro. Vale à pena investir alguns minutos diários para tentar buscar novos contatos ou, ainda, compartilhar conteúdos relevantes no Twitter, LinkedIn e no Facebook.

   Uma dica é cultivar o relacionamento com as pessoas ligadas aos familiares. Se, por exemplo, seus pais têm vários conhecidos, busque criar e estabelecer uma nova relação com esses contatos. Não espere que seus pais façam isso por você.

4. Siga no Twitter empresas e pessoas de seu interesse profissional. Procure no Twitter o perfil das empresas

onde você deseja trabalhar e fique atento ao perfil dos seguidores dessas empresas. Novas vagas também poderão ser postadas no Twitter, por isso, fique atento.

5. Seja participativo em grupos na rede. Além de atualizar as informações do perfil, busque entrar em grupos relacionados à sua área e participar das rodas de discussão. Estes grupos costumam promover intensa variedade de discussões, muitas vezes relevantes para seu futuro profissional. Outra possibilidade de potencializar suas conexões é se reunir pessoalmente. Existem vários grupos da rede que se reúnem de forma presencial também. Procure ir pessoalmente, assim você amplia suas habilidades, interage mais e pode expandir outras competências.

Utilize a internet a seu favor. Criar um vídeo sobre você e divulgar nas redes sociais pode ser uma boa alternativa. Um vídeo falando sobre suas habilidades e sua personalidade pode destacar você entre muitos candidatos. Um site que, entre outros temas, destaque suas habilidades pode chamar a atenção dos recrutadores. O ideal é ter um domínio próprio, como: www.seunome.com.br.

Marketing pessoal: aprenda a vender a si mesmo!

Às vezes você faz tudo certo na empresa, mas esquece-se do seu marketing pessoal. A capacidade de vender (o que quer que seja) é um dos grandes segredos do sucesso. Todavia, esse conceito encontra ampla resistência em pessoas que veem a ideia da venda como algo pejorativo e negativo. Digo em meus cursos e treinamentos: "Você precisa, em primeiro lugar, aprender a vender você mesmo!".

Ninguém atinge o sucesso sozinho. Sempre precisamos do apoio de pessoas-chave ao longo do caminho. Essas pessoas, porém, não são obrigadas a saber que você vale a atenção e o apoio delas, você precisa convencê-las disso!

Quanto mais nós dominarmos a arte da venda (que nada mais é do que pura persuasão), mais bem-sucedidos seremos naquilo que queremos, seja na vida pessoal ou na vida profissional.

Pense nisso. Se você é daqueles que se consideram péssimos vendedores, que acham que morreriam de fome se tivessem que viver de vendas, reflita sobre este capítulo. Essa sua falta de habilidade em vender o seu peixe não está impactando negativamente suas conquistas na vida?

Descrevo a seguir algumas dicas para você potencializar ainda mais seu marketing pessoal:

- **Conheça seus pontos fortes, e fracos e busque potencializar e mostrar os fortes e melhorar os fracos.** Só se conhecendo plenamente é que terá segurança para vender seu peixe na empresa.

- **Procure saber o que o mercado precisa para assim se atualizar e se tornar mais competitivo.** Esteja a par do valor de mercado de sua atividade profissional. Sabendo quanto vale seu "passe" no mercado é que poderá negociar melhores condições dentro da própria empresa ou alcançar novas posições em outras organizações.

- **Faça adaptações do seu currículo de acordo com quem vai recebê-lo, para torná-lo mais eficiente.** Reveja regularmente seu currículo para mantê-lo atualizado e competitivo.

- **É importante que goste de se relacionar e se sinta bem com pessoas de outras áreas.** Procure manter contatos profissionais com outras empresas e, também, com empresas de recolocação para não perder oportunidades.

- **Pense em um plano de desenvolvimento para sua carreira para os próximos cinco anos.** Assim ficará atento às oportunidades que poderão te deixar mais perto de suas metas.

- **No trabalho, busque visibilidade.** Seja o primeiro a levantar a mão quando o chefe precisa de um voluntário.
- **Tenha paciência para entender a dinâmica da empresa.** Nem sempre as promoções acontecem na velocidade que você imagina ou acredita merecer.

Marketing pessoal é um hábito, e você precisará de tempo para se habituar com esta nova maneira de agir em sua vida, portanto, corra!

Com estas atitudes você certamente receberá apoio da chefia e atenção dos colegas. Será reconhecido e valorizado por suas ações.

Agora, se na sua empresa essas atitudes farão com que as pessoas o enxerguem como uma ameaça, então provavelmente você está trabalhando em uma empresa medíocre. Neste caso, não adianta mudar a atitude, é melhor que você mude de empresa.

Ter um plano B
Por que é importante e qual é o seu?

Nada é para sempre, essa máxima se aplica para todos os aspectos de nossas vidas, inclusive a profissional. É comum pessoas com menos de 35 anos já terem trabalhado em mais de três ou quatro empresas. E isto se deve à globalização e à nova economia, onde são evidentes novas oportunidades, novas profissões e maior competitividade. Por outro lado, essa globalização também traz muitas incertezas.

Como você se imagina daqui a dez anos? No mesmo emprego, com um cargo melhor, dono do próprio negócio, vivendo de seus investimentos. Se você está empregado hoje, amanhã poderá não estar, e a sua demissão pode chegar sem aviso prévio, sem você estar esperando.

Caso isto aconteça, você está preparado? Você já pensou nas consequências? Se a sua resposta for não, mesmo estando feliz e satisfeito com o que faz ou no início de sua carreira, então é bom pensar em um bom plano B e começar a se preocupar com seu futuro.

Manter uma carreira ou uma atividade paralela ou fazer planos para iniciar seu próprio empreendimento são ideias que já estão se tornando realidade. Porém, para isso, é importante ter em mente algumas considerações:

- **Busque identificar suas competências e habilidades mesmo que seja em áreas diferentes de sua ocupação atual.** Perceba e potencialize todos os seus talentos, mesmo aqueles menos desenvolvidos. Se você nunca se deu conta, acredite, você é capaz de fazer coisas que nunca sonhou.

  Claro que buscar qualificação e reciclagem, investindo em cursos, seminários, *workshops*, livros e revistas devem fazer parte de seu contínuo plano de desenvolvimento.

- **Para dar início ao seu plano B, comece com um trabalho paralelo.** Essa estratégia permite que você se mantenha no emprego atual enquanto faz outros trabalhos relacionados ao seu novo objetivo na carreira. Fazer trabalhos *free-lancer* é boa alternativa para começar a traçar um novo "alvo" de trabalho e não ficar tão "dependente" do emprego atual.

  Nunca me canso de repetir para identificar suas reais competências e habilidades, para não cair na armadilha de investir suas economias em negócio que não tem identificação com você.

- **Lembre-se que ter experiência em grandes corporações não é sinônimo de sucesso na sua próxima empreitada.** Sua chance de ser bem-sucedido é muito maior se colocar em prática seu talento do que simplesmente trabalhar por remuneração. Por isso, leve em conta seus sonhos e suas vocações na escolha. A ideia de "quem é dono não tem patrão" é uma grande mentira! Para seu plano B gerar resultados positivos, ter disciplina em administrar seu tempo e dedicação entre os dois trabalhos serão competências fundamentais em sua jornada.

- **Acima de tudo, confie em você mesmo.** Estar preparado para toda e qualquer mudança é requisito fundamental para nosso sucesso e desenvolvimento pessoal e profissional.

Um bom plano B a todos vocês!

Por que (ainda) estou desempregado?

Existem basicamente dois tipos de candidatos a vagas de emprego: os que conseguem a vaga, e os que não conseguem. O fato é que existem centenas de *blogs*, sites, jornais, revistas e outros tipos de meios de comunicação divulgando fórmulas, dando dicas e aconselhando a como conseguir um emprego, como fazer um bom currículo, como se sair bem nas entrevistas etc.

Apesar da abundância de informações disponíveis sobre o tema, por que muitas pessoas ainda continuam desempregadas? Qual o motivo disso? O que determina o sucesso de uma pessoa na procura de uma oportunidade no mercado de trabalho?

O que determina o sucesso de uma pessoa na conquista de um emprego é a sua atitude comportamental. Atitude expressa na ação de procurar novos conhecimentos, se qualificar, desenvolver habilidades, correr atrás das oportunidades, desenvolver bons relacionamentos, saber se comunicar e transmitir uma imagem de confiança, competência e responsabilidade.

Não há nada mais importante para um desempregado do que as atitudes diante de uma realidade adversa. Esse período de afastamento do mercado de trabalho é uma oportunidade para se renovar, corrigir o caminho e seguir adiante.

O desemprego é um estado transitório que depende basicamente de dois fatores: o primeiro fator (o qual possuímos pouco controle) está representado pela realidade social do país. O segundo fator corresponde à atitude pessoal perante o desemprego.

O emprego não "cai do céu" na maioria dos casos, pelo contrário, e claro que você já deve ter percebido que o mercado de trabalho é muito competitivo. A contratação é resultado de preparação, conhecimento, habilidade, percepção de oportunidade e da sensibilidade do candidato.

Com base nisso, procurei observar alguns passos importantes de pessoas que, mesmo vivendo em tempos de crise e escassez de oferta de emprego, não ficaram reféns daquela realidade e conseguiram reverter o desemprego.

1. **Ter presença virtual:** não é mais segredo que os costumes de seleção mudaram, que não basta preencher currículos nos sites das empresas e esperar ser chamado para as vagas. As organizações modernas possuem critérios de recrutamento rápidos e eficientes. Por isso, estar presente e manter-se atualizado nos sites de empregos de maior demanda e, claro, nas redes sociais, são requisitos indispensáveis para quem deseja ter acesso às empresas. Isso também implica conhecer o ciclo de atualização delas e visitá-las frequentemente.

2. **Manter-se atualizado:** uma vez estando desempregado, este profissional assume de imediato a necessidade de manter-se atualizado. Dependendo do cargo procurado ou da situação do mercado, aconselho a visitar sites e publicações relacionados às novidades de sua área de atuação. Vale a ressalva de que você não precisa esperar ficar desempregado para se atualizar!

3. **Cultivar uma mente aberta:** esta é uma das atitudes mais importantes, pois impulsiona o profissional desempregado a explorar outras alternativas diferentes de sua experiência ou especialidade, oferecendo a oportunidade de se arriscar em outras áreas onde possa trabalhar de forma competente. Essa atitude facilita sua inserção no mercado de trabalho e permite manter sua mente mais ativa e motivada.

4. **Melhore a cada dia:** o desempregado altamente efetivo está em busca constante de melhoramento de sua imagem, vocabulário e linguagem corporal, se autoavalia, conhece suas fraquezas e forças, luta para superar as primeiras e maximizar as últimas. Ele adianta-se às exigências do mercado e procura complementar sua experiência adquirindo novos conhecimentos, a fim de cumprir com os atuais requisitos de múltiplas habilidades e competências.

5. **Manter uma atitude positiva:** ao invés de ficar desanimado, de muitas vezes sentir vergonha pela sua situação atual, ele continua alimentando sua autoestima, aprendendo com a situação e crescendo com ela. Adquira uma visão mais otimista da vida, busque seus objetivos com mais energia e determinação.

Portanto caro leitor, antes de seguir qualquer dica de emprego, cultive as atitudes comentadas, que, se praticadas, podem assegurar o sucesso na busca do seu novo emprego.

Existe uma grande diferença entre ter uma vida aos 30 anos e começar uma vida aos 30

Quando se ouve falar que os 30 são os novos 20, a conclusão a que se chega é que a faixa dos 20 anos não tem grande importância. Chamada até mesmo de adolescência estendida, essa fase não vem levando a devida atenção, e os jovens acabam se perdendo em um turbilhão de desinformação que banaliza aquele que realmente é o período mais transformador da vida adulta.

Pesquisas mostram que 80% dos fatos substanciais e com consequências duradouras que levam ao sucesso na carreira, a uma boa situação financeira e a felicidade pessoal, acontecem até os 35 anos, depois os adultos são levados a continuar (ou, se possível, corrigir) as ações iniciadas na faixa dos 20 anos. Trata-se de um período especial demais para não ser levado a sério.

Recentemente recebi um e-mail de uma senhora me perguntando se eu poderia orientar seu filho em relação à carreira, pois ele estava com muitas dúvidas. Respondi a esta mãe orientando para que seu filho me escrevesse diretamente e aproveitei para perguntar a idade dele, pois imaginei que se tratava das dúvidas recorrentes na escolha sobre qual faculdade ingressar aos 17 anos. Para meu espanto, esta senhora me respondeu que a orientação profissional seria para seu filho de 33 anos que nunca tinha trabalhado!

Meu espanto se deu não pelo fato da dúvida sobre carreira, pois isso é perfeitamente normal e recorrente para todos profissionais em qualquer idade, mas fiquei me questionando sobre as razões desta mãe tomar iniciativa no lugar do filho. O maior prejudicado com este excesso de cuidado da mãe com absoluta certeza será este filho de 33 anos.

Quando temos 20 anos, a impressão é de que existem décadas à frente para ganharmos cada vez mais, mas os últimos dados do censo americano (infelizmente não encontrei dados do censo no Brasil) mostram que, em média, os salários chegam ao pico – e se estabilizam – aos 40 anos.

O que sugiro é para que todo jovem a partir dos 20 anos comece imediatamente sua experiência profissional, independente das dúvidas sobre qual carreira seguir. A dúvida não pode ser um impedimento de começar a desenvolver competências comportamentais no trabalho.

Claro que deve cuidar paralelamente de sua qualificação acadêmica. Desenvolvimento acadêmico e experiência profissional sempre devem caminhar juntos.

Recomendo a todos um livro da Dra. Meg Jay chamado "A idade decisiva", que aborda questões cruciais para essa faixa etária e compartilha relatos cativantes dos próprios jovens. #ficadica

Pontualidade vale ouro: problemas com a cultura brasileira

A falta de pontualidade é uma característica bastante conhecida do povo brasileiro, o que pode dificultar a vida profissional e restringir possibilidades de carreira e sucesso nas organizações.

Pontualidade é uma competência fundamental no mundo corporativo, uma vez que os funcionários representam não somente a própria imagem, mas também a da empresa onde trabalham.

Vou além, podemos até considerar que a pontualidade é uma forma de mostrar respeito e consideração com o próximo.

Se você costuma se atrasar, não só para compromissos, mas nos prazos que costuma firmar, é sinal que alguma coisa está errada e que está vivendo sem um planejamento adequado.

Desculpas como "Foi o trânsito", "A reunião anterior atrasou" ou ainda "O computador deu problema..." já não colam mais e ainda pegam supermal. Afinal, estes imprevistos já não são tão imprevistos assim, e para um compromisso ou meta fixada, deve-se sempre trabalhar com uma margem segura de tempo. Alguns "minutinhos" de atraso e você pode colocar muita coisa a perder.

A perda a que me refiro começa pelo desgaste da imagem, muitas vezes agravada com a perda do propósito do próprio compromisso. Portanto, se o atraso ou o não comparecimento for inevitável, é importante justificar a tempo, antes que a pessoa possa formar uma opinião negativa a seu respeito. Afinal, sendo pontual, você estará sendo respeitoso com um tempo que não é só seu, mas também da outra pessoa.

Todo e qualquer atraso gera desconforto e irrita quem espera, principalmente quando ocorre com frequência. O atraso gera consequências desagradáveis, além de desconfiança e falta de credibilidade. Por melhor que seja o profissional, o defeito de se atrasar sempre pode acarretar obstáculos em sua ascensão e ofuscar o brilho de seus resultados na empresa.

Pontualidade social: no Brasil, a pontualidade em eventos sociais muitas vezes se confunde com pontualidade na empresa. Se alguém te convida para uma festa que começa às 21h00, provavelmente você chegará mais tarde que o horário informado no convite, pois se chegar pontualmente às 21h00 talvez encontre ninguém na festa. No entanto, não podemos confundir nossa cultura em eventos sociais com compromissos e prazos profissionais.

Pontualidade em entrevistas de emprego: tanto o entrevistador quanto o entrevistado devem manter o senso no cumprimento do horário estabelecido e agendado: é indispensável. Se, por algum lapso, ocorrer um atraso da parte do entrevistado, existe o risco de perder um grande negócio ou uma ótima oportunidade. Não tendo como evitar o atraso, o certo é telefonar para a empresa o quanto antes, dando explicações sobre o motivo do atraso, sem a necessidade de narrar os fatos nos mínimos detalhes. Depois, pessoalmente, expresse um pedido de desculpas e se justifique, sem a necessidade de pormenores ou detalhes minuciosos que podem ser interpretados como mentira ou desculpa esfarrapada.

Para o entrevistador a premissa é a mesma, se agendou horário com alguém, esteja no local pelo menos dez minutos antes e se prepare para entrevista. Vejo candidatos ansiosos para entrevista de trabalho e que muitas vezes ficam horas esperando o responsável atendê-lo. Bem desagradável!

Pontualidade do chefe: os líderes devem dar bons exemplos, mantendo sempre a pontualidade para que os colaboradores possam respeitá-lo com a mesma conduta e disciplina. O chefe, muitas vezes, não percebe ou nota quando um funcionário se antecede em relação ao horário de trabalho, mas no caso de um atraso, este incidente certamente não passará despercebido.

Sua pontualidade na empresa: na empresa você é responsável por realizar um trabalho dentro de certo limite de tempo. Convém administrar o tempo, sabendo quais são as urgências e as prioridades para agilizar ou encaminhar o serviço da forma mais rápida possível.

É importante ficar atento e respeitar os horários de entrada, de almoço e de saída da empresa, agindo de forma consciente e honesta para que nenhuma das partes se sinta prejudicada.

Ser pontual com a empresa é uma questão de responsabilidade e profissionalismo. Cabe a cada funcionário agir corretamente tendo plena consciência de seus atos, deveres e horários a serem cumpridos.

Pontualidade vale ouro sim e na empresa então, nem se fala!

Quando falamos sobre empresas, CELEBRAR é mesmo importante?

Deixando um pouco de lado as tradicionais festas comemorativas de final de ano, não parece estranho que tenhamos vergonha de celebrar nossas vitórias e nossas conquistas? Muitos brasileiros ainda pensam que comemorar e celebrar as conquistas os tornam pessoas arrogantes ou que "dá azar". Considero importante compreender que a festa, para valer, acontece no dia a dia, sem data especial no calendário, estes são os verdadeiros motivos para celebrar.

O ciclo de vida das empresas passa por uma infinidade de realizações, seja a superação de metas, a criação de produtos,

Despertar Profissional

a descoberta de novos mercados, conquista de novos clientes, conclusão de um projeto e uma gama de conquistas que merecem ser celebradas!

Então, por que será que é muito mais fácil criticar o que deu errado do que celebrar as vitórias? Quando o ambiente está sob controle e tudo dando certo, costuma-se dizer: "não é nada mais do que obrigação dos colaboradores". Mas se algo não saiu como deveria, apontam-se os culpados, e os crucificam.

É preciso sim celebrar e compartilhar todas as alegrias e realizações, não só entre as equipes, mas por meio do reconhecimento da importância que cada um representa para a organização, apoiando, estimulando e premiando a colaboração em cada etapa superada, não apenas por meio dos benefícios formais, mas também por meio de uma palavra de incentivo, de um abraço ou aperto de mão, olho no olho. São pequenos gestos na sua essência, mas grandiosos no resultado que podem proporcionar.

Celebrar é compartilhar alegrias e vitórias a cada ciclo na empresa. Não precisam ser grandes alegrias e vitórias – até porque estas não têm tamanho, peso nem altura. Ou são ou não são. Se são, devem ser celebradas.

Você celebra quando manifesta claramente que reconhece a importância ou a qualidade de um colega. Talvez poucas formas de celebração sejam tão poderosas e gratificantes quanto o reconhecimento por um trabalho bem-feito, uma ação meritória ou uma atitude digna.

Mais que importante, a celebração é vital para o processo. Serve para confirmar o valor de cada passo concluído. Trata-se, portanto, de valorizar a viagem, e não apenas a chegada ao porto onde se deseja ancorar.

Um elogio, um abraço, um gesto carinhoso ou fraternal, um e-mail de agradecimento, um presente, um alegre telefonema inesperado... Estes exemplos de celebração que mostram uma particularidade que deveria entusiasmar as empresas a estimulá-la entre seus colaboradores: pode ser feita a custo praticamente zero.

Já está provado que a produtividade e a criatividade são diretamente proporcionais à alegria das pessoas no trabalho e, portanto, as empresas saudáveis devem incluir em suas metas as celebrações, comemorações, exaltações ou qualquer outra palavra que venha representar este gesto tão valioso.

Por falar nisso, você já celebrou algo importante hoje?

Trabalho voluntário

O que você tem feito e como isso pode te ajudar em sua carreira

Cada vez mais ganha relevância nas entrevistas de emprego e estágio o questionamento sobre a realização de trabalhos voluntários. Um dos motivos para que isso ocorra é a preocupação das próprias empresas com o conceito de sustentabilidade. As empresas estimulam essas atitudes para reforçar sua responsabilidade socioambiental e, nesse caso, é essencial que seus executivos e funcionários comprem a ideia, deem o exemplo e pratiquem.

Em algumas organizações o voluntariado tem sido utilizado como critério de seleção. Isso porque a impressão passada é de que o profissional investe parte do seu tempo em outras pessoas e possui qualidades como facilidade de relacionamento interpessoal, iniciativa, capacidade de trabalho em grupo e uma visão holística dos problemas da sociedade, o que é útil especialmente para pessoas em início de carreira, cuja a pouca experiência pode limitar a disputa por vagas. Mas o principal aspecto positivo dessa ação é que o candidato não é acomodado e deseja deixar um mundo melhor do que encontrou.

Ele realiza ações importantes – mesmo não ganhando para isso – e deixa claro que seu objetivo não é apenas o salário, mas também o projeto que realiza. Assim, o voluntariado pode ser o grande aliado para abrir portas no mercado de trabalho.

Outra intenção por trás do recrutador quando ele pergunta do trabalho voluntário é saber se a pessoa consegue lidar com realidades diferentes da sua, como reage e o que consegue aprender. Já no que se refere à tão requisitada pró-atividade, aquele que faz algum tipo de serviço social sai mais uma vez na frente, isso porque ele é capaz de verificar que há um problema em sua comunidade e vai atrás da solução, coloca em prática suas ideias e aguça a sua criatividade.

Quem deseja começar a atuar como voluntário pode ficar na dúvida sobre a contribuição de atividades que não tenham nada a ver com o campo de atuação profissional. No entanto, qualquer tipo de trabalho solidário é válido, mesmo que fuja do foco profissional. O essencial é que o profissional se sinta à vontade, mais seguro e confortável, e que o trabalho com o qual escolher contribuir não tenha o peso de uma obrigação a mais.

Procure se envolver efetivamente com o trabalho e não fazer da prática apenas um elemento de promoção pessoal. Além do aprendizado ser mais efetivo, a paixão pelo que se faz é mais importante do que a mera informação no currículo.

No entanto, não deixe de informar no currículo todos os trabalhos dos quais participou, as atividades desenvolvidas e o tempo dedicado a cada um deles.

Vale a ressalva de que os compromissos do voluntariado não devem atrapalhar, interferir e muito menos prejudicar seus resultados e sua rotina diária de trabalho, caso contrário, o voluntariado não será bem-visto pelo empregador.

Você pode encontrar facilmente na internet vários sites sérios que podem te ajudar nessa busca. Não se esqueça: o voluntário é, antes de mais nada, um doador nato, que faz sem esperar receber algo em troca. Esse espírito deve guiar aqueles que buscam ajudar o próximo e, desta forma, as vantagens para a carreira serão apenas consequência.

Da porta para fora

Você já deve ter ouvido aquela "regra" de que "problemas pessoais, só da porta para fora da empresa", e já deve até ter tentado segui-la. Mas até que ponto é possível separar sua vida pessoal de sua vida profissional? E o que fazer quando o fator de desequilíbrio emocional está envolvido no seu expediente?

Para poder manter as emoções em ordem e administrar a dos colegas, é preciso ter consciência sobre si mesmo, ou seja, é necessário que você saiba o que coloca e tira você dos trilhos do equilíbrio emocional.

Há algum tempo, falava-se em equilíbrio entre vida pessoal e professional. O fato de equilibrar as áreas nos remete a ideia de separação.

Hoje não falamos mais em equilibrar, e sim em integrar todas as áreas de sua vida.

As áreas que temos em nossas vidas são familiar, equilíbrio emocional, área espiritual, relacionamento íntimo, lazer, saúde, carreira, desenvolvimento intelectual, área financeira e vida social.

Todas estas áreas requerem ações e atenções distintas. O que estas áreas têm em comum é que você é o único responsável por administrá-las. Portanto, se uma área não vai bem, provável que esse sentimento se reflita nas outras áreas também, afinal somos seres humanos e não dá para segmentar e racionalizar quando falamos de emoção, mas, por outro lado, quando enfrentamos um problema, não significa que "tudo" em sua vida está mal.

Se estamos felizes em casa, provavelmente essa boa emoção se refletira no trabalho e, quando estamos tristes com o trabalho, sem dúvida levamos nossas preocupações para o nosso lar. Por isso temos que ter consciência de nossas responsabilidades para não prejudicar mais áreas de nossas vidas, ou seja, para o problema não se tornar maior do que deveria.

Após descobrir os limites do seu temperamento emocional, tenha sempre um plano de emergência em caso de situações extremas. Se, por acaso, a conversa for para um rumo no qual é capaz de te tirar do sério, crie uma estratégia para refrescar a cabeça, como por exemplo, pedir licença e sair da sala para tomar água.

Se o problema pessoal for sério, notifique a chefia ou o departamento de recursos humanos, mas não é necessário entrar em detalhes. Se precisar chorar, não reprima o choro, mas também não exagere para não assumir papel de vítima e se eximir de suas responsabilidades profissionais.

Quando estamos passando por um grande problema, acredito que o mais difícil de aceitar é que o mundo não para que você se conserte. O dia seguinte amanhece, a rotina das pessoas não muda, tudo segue seu curso.

E, infelizmente, não podemos apertar o botão de *pause* para nos ajustarmos. Tropeços na vida são inevitáveis, mas a infelicidade é escolha sua. Muitas vezes não podemos mudar o que de fato aconteceu, mas sempre podemos escolher como reagir a isso. Então, se soubermos as ações que cada área de nossa vida requer de nós, ficaremos mais satisfeitos e mais preparados para enfrentar de maneira positiva os problemas do dia a dia.

Santo de casa realmente não faz milagre?

Estive em algumas empresas diferentes, porém ouvi repetidamente a mesma queixa de diversos colaboradores: "Nesta empresa não somos valorizados" ou "aqui nossas ideias não são ouvidas" e até mesmo "para algo dar certo em nossa empresa, tem que ser feito por alguém de fora".

Existem empresas que se fazem de surdas. Preferem fingir que não escutaram e acabam desconsiderando as soluções que são apresentadas por seus próprios colaboradores. Muitos líderes acreditam, erroneamente, que a melhor solução para os problemas internos são encontrados fora da empresa.

"Santo de casa não faz milagre" é um dito popular bem conhecido, cuja origem se dá na Bíblia e foi proferido por Jesus quando disse que "o profeta não é reconhecido em sua própria terra". Mas será que santo de casa realmente não faz milagre?

No mundo corporativo muitas vezes busca-se o caminho mais rápido para alcançar determinado resultado e isso é comum, pois está diretamente ligado à sobrevivência da empresa no mercado, no entanto, essa rapidez para encontrar uma solução pode custar caro. Ao buscar soluções fora da empresa contratando novos colaboradores, as organizações perdem pessoas altamente talentosas, que vão à busca de novas oportunidades em outras empresas, iniciando assim um círculo vicioso no mercado de trabalho.

É dever de todo líder ter olhos críticos para selecionar aqueles que vão trazer sucesso para seu empreendimento, mas também de preparar e desenvolver aqueles que já fazem parte de seu negócio.

Devemos dar voz a estes profissionais de forma que suas ideias avancem dentro da empresa, devemos convidá-los a participar de projetos para que passem de ouvintes a contribuintes. É muito importante acreditarmos nestes potenciais colaboradores que, por muitas razões, se encontram encobertos ou invisíveis em algum lugar dentro da empresa e a função do líder é encontrá-los.

Devemos ficar atentos a todas as oportunidades que surjam na empresa, apreciar as boas ideias e reconhecer as capacidades existentes dentro da empresa, afinal, boas ideias geram bons negócios e podem resultar em grandes avanços, mas precisam ser suportadas ou serão simplesmente boas ideias.

Empresas modernas não são só aquelas que usam e abusam da tecnologia e que têm altas capacidades produtivas, mas sim aquelas que ouvem seus funcionários ativamente. Bons líderes têm como principal característica a escuta ativa.

O propósito da escuta ativa é entender o que o outro pensa, como age ou o que está acontecendo, não deixar que certas informações fiquem vagas ou abstratas.

Quando paramos para ouvir a opinião de outros colaboradores, nosso leque de visão se abre despertando assim soluções e novos fundamentos. O simples fato de o gestor mostrar que se interessa estimula o funcionário a realizar, pensar e procurar melhorar cada vez mais.

Saibam que santo de casa faz sim milagre e, se praticarmos a escuta ativa, poderemos encontrar respostas para problemas antigos na empresa.

E você, está ouvindo ativamente as pessoas?

Meu chefe não sabe o que faz. Falo ou não falo?

Uma situação é fato em qualquer organização: todo mundo tem um chefe a quem, bem ou mal, deve se reportar. Por mais alto que você esteja na hierarquia da empresa, sempre haverá alguém um degrau acima do seu.

Claro que, com a convivência entre você e seu chefe, é natural surgirem divergências de pontos de vista ou até mesmo comportamentais, para não dizer de temperamento.

O que fazer então quando isso ocorre? Como discordar do chefe sem queimar o "filme"?

Ainda presencio cenas de profissionais aflitos e inconformados com as atitudes do seu chefe. Vejo colaboradores com ideias maravilhosas para implementar na empresa e que não conseguem colocá-las em prática, por simplesmente não saberem se expressar.

Infelizmente observo que muitas empresas ainda vivenciam um paradigma antigo da liderança que dizia o seguinte: "Manda quem pode, obedece quem tem juízo". Com essa cultura antiquada, muitos acreditam que o chefe é uma pessoa "inimiga" e discordar do que ele pensa seria uma espécie de afronta pessoal e, consequentemente, prejudicial para seu crescimento profissional.

Não há razão para ter medo de expor ideias e opiniões contrárias a do chefe. Ter diferentes pontos de vista é algo natural e discordar não significa rompimento de relacionamento. Eu valorizo quando as pessoas que trabalham comigo discordam de minhas decisões, pois é a única maneira de rever os passos e corrigir antecipadamente possíveis erros.

Mas... como me comunicar de forma assertiva quando sei que meu chefe está fazendo algo errado?

As dicas descritas abaixo são orientadas para ajudá-lo a apresentar um comportamento mais assertivo – quer dizer, nem passivo e nem agressivo – a fim de efetivamente expressar seu ponto de vista em situações adversas com seu chefe:

a) **Seja claro sobre o que quer dizer:** se perceber que seu chefe está decidindo por um caminho errado, expresse-se claramente, mas não agressivamente. Explique como você percebe a situação. Seja específico e certifique-se que a outra pessoa entendeu claramente sua posição. Prepare seus argumentos e, numa boa, sugira outras alternativas. Ao falar sobre vários cenários possíveis, você evita uma possível reação adversa do seu chefe.

b) **Todo profissional deve ficar atento a sua postura corporal**: não passe uma impressão negativa ao chefe que está recebendo uma opinião contrária. É preciso estar atento à forma como você está se comunicando, principalmente no tom de voz, que não pode passar agressividade, desdém ou falta de interesse.

c) **Esteja aberto ao diálogo:** mesmo que já tenha percebido que você tem os meios para fazer melhor que seu chefe, se agir como um juiz diante de um acusado, o chefe certamente ficará na defensiva. Procure envolvê-lo durante a conversa, tanto para analisar o problema como para desenvolver possíveis soluções. E, claro, esteja preparado para repensar a sua análise inicial do problema, afinal seu chefe pode ter chegado a uma nova solução, diferente da anterior e da sua!

Vale a ressalva de que não estou dizendo que você deve dizer tudo o que pensa para seu chefe. Avalie se o que está te incomodando é baseado em fatos concretos, relacionados às atividades da empresa. Em caso positivo, se souber os meios para fazer melhor, não hesite em falar sobre o que pensa.

Seu chefe não é seu inimigo e com certeza espera de você colaboração e comprometimento. Esta atitude vai acelerar seu próprio crescimento e ambos terão relacionamentos produtivos e gratificantes.

Bom trabalho!

Quer aumento?

Traga resultados antes para não passar vexame. E não deixe de pedir, é claro

O que vou escrever agora é totalmente contrário ao que os livros de liderança e administração dizem. Os livros dizem assim: *"Se tiver que pedir um aumento salarial, isso já é um sinal de que você não o merece"*.

Eu particularmente discordo desta afirmação. A maioria dos livros de liderança, dos quais seguimos a rigor em nosso dia a dia, discorre sobre a realidade de empresas que trabalham por meritocracia.

Mas... o que é meritocracia? Ela acontece quando a empresa já tem bem estruturado um método de avaliação por desempenho e, portanto, sabe medir desempenho e produtividade dos colaboradores. Logo, fica mais "fácil" saber quem merece o tal do aumento salarial. Na meritocracia, os funcionários também sabem que serão recompensados pelo bom trabalho apresentado.

No Brasil, de acordo com a minha experiência, ainda é minoria as empresas que trabalham corretamente com avaliação por desempenho. Então, se você não trabalha em uma empresa meritocrática, que na prática não tem uma política de aumento salarial tão assertiva assim, cabe a você batalhar pelo reconhecimento de seu trabalho. Não há fórmula mágica para ser usada na hora de pedir um aumento de salário, porém, antes de tocar nesse assunto, você deve se preparar, pensar bem e sentir se é a hora certa.

Já presenciei situações constrangedoras em que os próprios colaboradores se colocaram em saias justas ao pedirem aumento salarial. Isto porque não pega bem tocar em certos assuntos na hora de pedir um aumento. Não caia nessa, pois com certeza não conseguirá o que deseja:

1. **Eu também mereço um aumento salarial!**
Não faça comparações desse tipo. Quem disse que merecer é critério para alguma coisa? Eu sei que você merece ser reconhecido e valorizado pelo que faz, mas para isso acontecer na empresa é preciso mostrar resultados. Não se trata de merecimento e sim de resultados.

Essa dica pode não agradar muitas pessoas, mas queiramos ou não, reflete o pensamento de muitos empresários: fazer corretamente as tarefas é apenas a obrigação de todo bom profissional. E me refiro também a obrigações como não faltar no trabalho, chegar no horário, cumprir horário de almoço, cuidar dos seus pertences na empresa etc. Portanto, nem pense em colocar essas obrigações em suas justificativas.

2. **Crise das contas a pagar.**
Todos temos despesas para pagar. Acontece que as dívidas contraídas foram escolhas suas. De nada adianta expor seus problemas pessoais como: minhas despesas em casa estão mais altas, a escola dos meus filhos aumentou a mensalidade, comprei um carro e tenho agora prestações para pagar. Seria o mesmo que jogar esse problema para seu chefe resolver. Não vá por esse caminho.
3. **Nunca diga que tem outras propostas fora dali se não for verdade.**
Não coloque seu chefe contra a parede e muito menos se coloque em uma armadilha da escolha do tudo ou nada. O objetivo é ter uma conversa amigável e tranquila e não definitiva.
4. **Se você acabou de ser contratado, espere, pelo menos, um ano para falar sobre isso.**
Afinal, você acabou de concordar com aquele salário e com os desafios e responsabilidades que terá que arcar.
5. **Minhas ideias são espetaculares.**
Alguns profissionais me confidenciam que têm ideias maravilhosas para executar na empresa, mas que não têm chance para colocá-las em prática. Ter ideias boas apenas na cabeça de nada valerão se elas não forem colocadas em prática. O mundo corporativo não premia o pensamento, premia a ação! Você deve fazer algo para ser premiado por isso.

Estes são argumentos que não devem ser ditos na hora de pedir um aumento. Portanto, indico apenas dois passos preciosos para alcançar o desejado aumento salarial:

1. **Entregue mais.**
O que isto quer dizer? Traga mais resultados. Faça mais do que foi contratado para fazer. Vamos analisar sob a perspectiva da empresa: para fazer jus a um aumento de salário, é necessário que uma pessoa não apenas execute bem as tarefas sob sua responsabilidade, é preciso que ela agregue valor à empresa e, claro, traga lucro aos acionistas.

2. **Vá lá e peça!**
Após entregar mais resultados, você terá como demonstrar e exemplificar as razões do seu pedido de aumento salarial. Vá até seu chefe e peça o tal aumento. Fale para ele dos resultados adquiridos recentemente.

Agora, e se meu chefe falar não? E em qualquer situação, comporte-se com maturidade e mentalidade aberta, mas não deixe a conversa morrer ali. Este é o momento ideal para negociar. Caso seu chefe fale que não é o melhor momento para te dar o aumento, pergunte o que você deverá fazer para melhorar o seu desempenho e pergunte em quanto tempo poderá conquistar o aumento.

E se meu chefe falar que nunca me dará o aumento que desejo? As boas novas é que você já sabe que não vai conquistar o salário que deseja trabalhando nesta empresa. Agradeça a sinceridade do seu chefe, se planeje e comece a buscar novas oportunidades. O que você prefere: se dedicar a um trabalho que não lhe renderá os ganhos que busca ou saber da real situação e poder mudar o rumo de sua carreira?

Pense a respeito, bom trabalho e mostre resultados!

Cometi um erro na empresa, e agora?

Todos cometemos erros, não dá para acertar o tempo todo. Erros e acertos fazem parte da carreira de qualquer profissional. Somos seres humanos falíveis por natureza e, independentemente de buscarmos nosso aperfeiçoamento e acertos, temos nossos momentos de erros e fraquezas.

Só não erra quem não faz e o erro muitas vezes é necessário para nosso crescimento. Por outro lado, o erro é sinônimo de retrabalho, perda de tempo e, principalmente, dinheiro. A cada dia, somos mais exigidos por nossos empregadores e nossos clientes, e, por consequência, exigimos mais de nós mesmos, de nossas equipes e de nossos colegas de trabalho. Precisamos fazer tudo o que precisa ser feito em menos tempo e sem perder a qualidade no trabalho.

Como conviver com esse dilema? Para muitos profissionais a possibilidade de cometer erros no trabalho significa um verdadeiro pesadelo. No entanto, depois que o erro é cometido, de nada adianta desesperar-se. Muitas vezes, a forma como o profissional reage à situação é mais desastrosa do que o erro em si.

Assuma seus erros, sem drama, sem culpa, sem punição. Reconheça que foi responsável, aprenda com a experiência e se comprometa a mudar. É claro que não é fácil simplesmente se sentir assim. Para ajudar nessa difícil tarefa, a seguir descrevo algumas orientações de como administrar algumas situações de erros no trabalho e como evitá-los:

- **Responsabilidade:** não esconda sua falha e nunca adie a comunicação. É importante agir com seriedade e assumir a responsabilidade do ato, procurando sempre não piorar a situação com demonstrações de "culpa exagerada".

- **Agilidade e rapidez:** é fundamental tomar medidas para reduzir os danos causados, identificando as falhas o mais rapidamente possível e ao mesmo tempo oferecer um plano para resolver o problema. Nada mais natural e esperado do que aquele que causou um problema esteja ativamente empenhado em resolvê-lo.

- **Seja honesto com o seu superior:** seja você o portador da má notícia. Melhor ele ouvir de você do que de outro. Além disso, leve seu plano para resolver a situação.

- **Entre em contato com todos os que foram afetados pelo seu erro:** não precisa ser detalhista, conte o que aconteceu de forma mais geral, o que deixou de funcionar normalmente, o impacto causado, como a situação está sendo temporariamente contornada e o que será feito para sanar o problema. Peça por sugestões, importantes dicas e ideias podem surgir.

- **Não tente colocar a culpa em outros:** este tipo de atitude não é bacana, não resolve a situação, além de arranhar sua imagem profissional. Admitir seu erro fará com que seja respeitado por seus colegas.

- **Procure focar no positivo de forma a mostrar que algo de bom pode ser extraído do ocorrido:** não foque no negativo, veja o que aprendeu com o acontecido ou com as ações colocadas em prática para resolver o problema.

É natural errar, ainda mais em um ambiente de trabalho, portanto, escolha ter atitudes de um bom profissional para que nada atrapalhe sua caminhada na empresa.

Etiqueta no trabalho

O que fazer quando as manias do colega ao lado atrapalham o rendimento do meu trabalho (desorganização, música alta, fala alto demais etc.). Como proceder? Como falar para o colega e ele não achar que é pessoal? Aviso o chefe? Aviso o RH?

Conviver com pessoas de diferentes personalidades todos os dias não é uma tarefa fácil. Por mais profissional que alguém seja, é impossível não levar em conta os aspectos emocionais envolvidos nos relacionamentos.

Quem nunca conheceu alguém chato e insuportável no seu trabalho? Há pessoas que vivem para atazanar nossa vida.

Quando você olha para a pessoa, o primeiro e único pensamento que lhe vem à cabeça é fugir e evitar qualquer contato.

Os motivos para tornar uma pessoa desagradável podem ser vários: é o chefe mal-humorado que reclama de tudo e de todos; é o colega de trabalho que espalha fofocas por onde passa; é aquele que adora fazer gracinhas nas horas mais impróprias; é aquele que fala demais, que adora falar alto ou passar o dia fazendo brincadeiras e contando piadas; é aquele que mantém uma caixa de som ligada em um programa inadequado; é aquele que abusa de palavrões e de obscenidades; é aquele que faz perguntas íntimas; é aquele que acredita que é superamigo dos colegas e pergunta sobre o relacionamento deles, a situação financeira etc.; é aquele que não cuida da aparência e higiene pessoal; ou outros tipos de atitudes que fogem à etiqueta profissional.

Se o seu colega é insuportável o que você deve fazer?

Descubra se os outros estão enfrentando o mesmo problema com a pessoa. Converse com os colegas mais próximos de sua confiança sobre o assunto e descubra se eles também têm notado tal comportamento nesta pessoa. Comece investigando o que lhe incomoda: atitudes, postura, manias, forma de pensar.

Depois, pondere a respeito do seguinte: é uma simples implicância de sua parte, ou está, realmente, refletindo na qualidade de seu trabalho?

Se sim, dê um *feedback* a essa pessoa e diga o que te incomoda em particular, ela pode estar fazendo isso involuntariamente. Tenha cuidado para não falar quando você estiver irritado, frustrado ou suas emoções não estiverem em seu controle total. Informe a pessoa sobre os possíveis resultados ruins de suas ações.

Deixe ela saber que suas ações terão um impacto negativo sobre sua carreira, reputação no escritório e nos resultados gerais da empresa. Se mesmo assim a pessoa não mudar, leve a questão para seu superior ou com o responsável pelo RH, argumentando que o rendimento da equipe está sendo prejudicado por essa situação. Aponte, com exemplos de situações concretas, o quanto o comportamento da pessoa em questão está influenciando na sua produtividade.

E se a pessoa a qual você tem queixa é seu chefe? Mesmo nesse caso, também vale a pena conversar com a pessoa em questão. Uma relação profissional deve ser pautada pela maturidade para dar e receber *feedback*. Todavia, se perceber que não há espaço para apontar críticas ou elogios, e por mais difícil que seja a recolocação em determinadas áreas, é o momento de procurar outra oportunidade. Ninguém deve se sentir desrespeitado ou humilhado em função de outros.

Existe também o outro lado da questão. Como saber se sou alguém insuportável?

Observe se as pessoas estão se afastando de você. Quando você chega na roda de conversa o pessoal começa ir embora? Você convida alguém pra almoçar com você e a pessoa não quer ir? As pessoas estão te evitando ou fazendo piadinhas sobre seu jeito de ser? Se isto está acontecendo pergunte-se: será que estou causando mal-estar nas pessoas, estou sendo inconveniente, estou com mau hálito, falo alto demais? Por que as pessoas estão se afastando de mim?

Algumas dicas para quem não quer ser alguém mau visto pelos outros:

- Fale corretamente.
- Cuide da aparência e higiene pessoal.
- Evite fofocas. Se alguém contar algo não repasse para frente.
- Siga regras de etiqueta vigente na empresa, mesmo que não concorde. Essas são as regras do jogo válidas no seu ambiente de trabalho.

- Fique atento aos sinais que as outras pessoas enviam a você, muitas vezes podem querer expressar informações tais como: "se manca!" ou "não gosto disso!".
- Respeite o lugar do outro. Não invada a privacidade alheia.
- Trate os outros como gostaria de ser tratado.
- Você "ama" o *ringtone* do seu celular? Mas isso não significa que, no trabalho, seus colegas devam adorar aquele toque "especial" do seu celular que dispara quando você está distante da sua mesa.
- O ambiente não é só seu: suponha que você divida sua mesa com um outro colega que trabalha no turno da noite. Acha justo deixar sua mesa repleta de objetos pessoais ou "amuletos" do seu time de futebol? A ideia é respeitar o espaço que não é só seu.
- Muito cuidado com perfumes fortes ou com aquela mania de manter sempre em sua mesa um incenso aceso para purificar o ambiente. Você gosta do cheiro, outros nem tanto!
- Fique esperto com seus "tiques", como batucada na mesa; pulseiras batendo insistentemente na mesa enquanto digita; cantarolar enquanto trabalha; ficar se mexendo na cadeira giratória enquanto conversa durante a reunião etc.

Cuidado! Suas pequenas manias podem prejudicar sua imagem na empresa. Controle-se e capriche. Se cada um fizer sua parte, a convivência no trabalho se torna muito mais agradável.

Inveja no trabalho

Como devo lidar com os invejosos na minha empresa?

O tema deste capítulo surgiu de comentários que ouvi de diferentes pessoas que afirmam que, quando algo deu errado, foi culpa da famosa inveja alheia.

Você provavelmente já deve ter presenciado algum momento em que detectou este sentimento de desgosto pela prosperidade ou alegria do outro ou até mesmo já foi alvo de inveja no trabalho.

A inveja é um sentimento inerente à natureza humana e presente em nossas vidas muito mais frequente do que se imagina. É o desejo de possuir aquilo que o outro possui, de cobiçar as coisas alheias. Não se trata de ciúmes, que significa ter zelo pelo outro ou por alguma coisa ou lugar.

Como então sei qual a diferença entre ciúmes e inveja? Vamos imaginar o seguinte cenário: seu colega de trabalho foi promovido na empresa.

Pode-se identificar como ciúmes se você também queria esta promoção, até acreditava que merecia e que este era o momento, ou seja, você estava trabalhando e cuidando para conseguir a promoção e não deu certo. Natural que fique triste e se sinta enciumado pelo ocorrido. Neste caso, não fique com a consciência pesada, é normal e passa.

Agora, pode-se identificar como inveja se você teve um sentimento de desgosto pela alegria e prosperidade que a promoção causou ao seu colega, não ficou triste pela promoção que não lhe foi concedida, muitas vezes você preferiria que a promoção nem viesse pra você, desde que não fosse para aquela pessoa. A inveja é direcionada às pessoas, o ciúme é direcionado às coisas.

A inveja pode contaminar o ambiente de trabalho, dificultar a convivência em equipe e desmotivar as pessoas. Por não suportar a felicidade alheia, o invejoso geralmente culpa o outro pelo seu fracasso e não percebe que o maior prejudicado sempre será ele mesmo, que perde a chance de realizar os próprios sonhos e enxergar seus próprios talentos e aspirações porque perdem tempo se comparando com o próximo e, com isso, acabam deixando passar ótimas oportunidades de crescimento.

Invejosos quase não têm amigos e procuram oportunidades para diminuir o trabalho do colega. Por mais que seu trabalho seja bem-feito, ele não vai elogiá-lo e nem parabenizá-lo pelo seu serviço. Se o fazem, não usam da sinceridade.

Mas como devo lidar com os invejosos na minha empresa? Um ponto importante que sempre ressalto é se a pessoa sabe o quão exposta ela está. Quanto mais expostos estamos mais vulneráveis nos tornamos.

Existe muita gente que gosta de escancarar a vida particular como forma de chamar a atenção e ser aceito no grupo. Confiar seus projetos mais íntimos a qualquer pessoa, falar mais do que deveria sobre seus objetivos, não saber guardar certos segredos e não ter a noção exata de sua posição na empresa. Esses são alguns fatores que propiciam oportunidades para que o invejoso se coloque como obstáculo em sua carreira.

Evite participar de "rodinhas" de fofocas, caso alguém venha falar de outro colega à você, sutilmente retire-se do local arranjando uma desculpa qualquer, como estar com muito trabalho e ter de terminar em tempo hábil. Caso alguém peça sua opinião sobre algum colega de trabalho, diga que não se sente em condições para avaliar e mude logo de assunto.

Foque-se em fazer bem o seu trabalho, aliás, fazer bem já não é suficiente para quem quer vencer, faça seu melhor sempre, independente dos outros. Certifique-se que seu desempenho está sendo notado, porém não vanglorie-se disto na frente de ninguém.

E quando nós sentimos aquela pontadinha de inveja? O que fazer? Se você se entende como uma pessoa do bem, leve isso para o lado da admiração. Quando admiramos alguém é comum ficarmos felizes com o sucesso desta pessoa, com suas conquistas e realizações. O fato de não ter ainda aqueles resultados extraordinários daquela pessoa que admira não quer dizer que nunca terá. Quando passamos da inveja para a admiração começamos a enxergar as qualidades e competências que fizeram do admirado uma pessoa de sucesso e podemos tomá-lo como modelo para realizarmos nossas próprias conquistas.

Desta forma, admire sim as pessoas pelo quanto elas trabalham para alcançarem os resultados extraordinários. Essa é grande a diferença e a chave para curar maus pensamentos e a inveja alheia.

103

Pegação no trabalho

Pode ou não pode?

"Onde se ganha o pão, não se come a carne", já diz o mais conhecido ditado popular de etiqueta profissional. Nós passamos muito tempo no ambiente de trabalho, cerca de oito a dez horas e, com isso, se torna cada vez mais comum o envolvimento emocional.

Quando você passa grande parte do seu dia no escritório, passa a ter relações mais estreitas com as pessoas, o que facilita o envolvimento.

Mas não é tão simples assim, você terá que tomar alguns cuidados com esse envolvimento.

Apesar de não serem incentivados pelas empresas, são poucas as que vetam formalmente. Mesmo assim, a regra é manter a discrição e, dependendo da empresa em que trabalha, se o relacionamento ficar sério, provavelmente você terá que buscar uma recolocação no mercado. A maioria das empresas é contra o casamento entre funcionários, afinal quando está tudo bem na relação, sua produtividade na empresa vai bem, mas... e quando seu relacionamento está em crise ou termina, como é que você vai conviver com esse "ex" sem afetar sua produtividade?

Na teoria tudo funciona, fica fácil separar vida pessoal e profissional, mas na prática a realidade é outra. A empresa vai começar a implicar com o seu relacionamento quando houver uma queda na produtividade ou ciúmes exagerado.

Agora, se o romance for inevitável, o que fazer? O casal não deve esconder do chefe a relação. É uma atitude antiética e incorreta. O melhor é fazer da forma correta para não causar ruído pois, de uma forma ou de outra, as pessoas acabam descobrindo.

Uma outra dica é que não é porque está apaixonado que vai esquecer das obrigações ou começar a trocar carinhos na frente do patrão.

Demonstrações de afeto no ambiente de trabalho não combinam. É preciso seriedade e profissionalismo. Outro hábito desagradável é seguir os mesmos horários que o parceiro e deixar de se aproximar dos demais colegas por conta do namoro. Por exemplo, na hora do cafezinho e do almoço também é hora de fazer *networking*. Muitos profissionais se privam desse momento por conta do relacionamento.

Outra cautela é não usar em demasia telefones e formas de comunicação interna para ficar trocando recadinhos amorosos, pois será prejudicial pra você.

Em uma pesquisa realizada pelo psicólogo Adrian Banks, da Universidade de Surrey, na Inglaterra, sobre paquera no ambiente de trabalho, satisfação profissional, desempenho no cargo e personalidade, a conclusão foi que os insatisfeitos profissionalmente eram mais galanteadores e – pior do que isso – apresentavam baixo nível de inteligência emocional. Ou seja, por não conseguirem medir os excessos, não percebem que passam dos limites na paquera.

Segundo essa pesquisa, todo esse amor para dar pode ser tédio e uma busca por algo mais interessante para deixar o dia a dia no trabalho mais feliz.

Ou seja, meu caro, se você anda olhando muito para os lados talvez seja hora de começar a mandar currículos. Fique esperto!

Reputação em perigo

Não use o *networking* para colocar em risco a sua carreira

Boa parte das contratações hoje em dia tem sido feita por meio de indicações. Embora o tema *networking* seja abordado em vários contextos diferentes, todos sabem que construir e manter uma rede de relacionamentos é a chave para encontrar o emprego dos sonhos e, por tabela, construir uma carreira bem-sucedida. Não lhe parece razoável, portanto, cuidar do assunto com um enfoque mais inteligente do que o desleixo que a maioria das pessoas utiliza?

A premissa básica do *networking* é a de uma relação puramente profissional, não tem nada a ver com amizade. O velho e bom ditado que diz "amigos, amigos – negócios à parte" é verdadeiro na prática do *networking*, afinal de contas, amigos do peito não cobram favores, enquanto integrantes da rede de contatos dependem disso.

Observa-se em alguns profissionais que esta troca de "gentilezas corporativas" está sendo mal interpretada. É importante ressaltar que a prática do *networking* obedece a regras gerais que não estão escritas em nenhum manual, mas que permeiam as entrelinhas deste jogo corporativo – a regra de não abusar da boa vontade das pessoas.

O despreparo e oportunismo arranham sua reputação perante o mercado. Sua reputação é seu ativo mais valioso, seja no campo profissional ou no pessoal, portanto, faça o *networking* de maneira ética e prudente.

Reputação é o conceito que os outros têm de você. Ela nasce com a primeira impressão e cresce à medida que as pessoas o conhecem melhor – se você é eficaz, se é sincero, se trabalha bem em equipe, e assim por diante. A confiabilidade é decorrente do seu comportamento: agir de maneira inconsciente ou imprevisível pode acabar com sua reputação.

Neste contexto, parece indispensável levar em consideração algumas situações que podem denegrir sua imagem perante o mercado:

- Não cometa o mais comum dos erros, o de pedir algo já no primeiro contato. Coisas do tipo: "Sr. Pereira, eu sou amigo do Silva, que trabalhou com o senhor há 15 anos, lembra? Olha, fiquei sabendo de uma vaga aí na sua empresa e estou precisando de um favorzinho seu...".

- É difícil telefonar para quem não conhecemos; por isso, às vezes é tentador usar pequenos subterfúgios para obter acesso. Tenha cuidado. Se você se aproximar de alguém por meios ilícitos acabará sendo descoberto. Não corra este risco.

- Só use o nome de outra pessoa se ela lhe der permissão para fazê-lo. É melhor pedir que faça uma apresentação por e-mail ou telefone. Mas não há problema em dizer algo como "Encontrei fulano em uma feira de negócios e ele mencionou seu nome. Talvez ele não se lembre de mim, porque conheceu muita gente lá".

- Não tente fazer com que seu interlocutor acredite que a pessoa que ambos conhecem o recomenda. Se for o caso, uma carta ou e-mail de apresentação é o mais apropriado. Respeite os limites dos seus relacionamentos e nunca exagere sobre o grau de intimidade que você tem com uma pessoa.

A maioria das pessoas só se dedica a fazer *networking* quando precisam de alguma coisa – uma informação comercial, um financiamento para expandir o negócio, uma contribuição para uma instituição social e, é claro, um emprego!

O *networking* pressupõe auxílio profissional e não *delivery express* de vagas! Muitos profissionais mencionam a questão do emprego logo a princípio, o que faz com que a outra pessoa sinta-se cobrada e muitas vezes responsável por oferecer ou encontrar uma oportunidade.

No cotidiano estamos cercados de profissionais que somente quando ficam desempregados acionam sua rede de contatos. Não é assim que se faz *networking*. O processo é cíclico: deve-se começar aos poucos, dar e receber, depois usar o próprio crescimento para expandir seus contatos à medida que for tendo sucesso.

Acionar sua rede de contatos não pode gerar constrangimento. Pressupõe atender aos seus interesses, é claro, e também ajudar os outros a satisfazerem os deles. Reputação e confiança são essenciais pra consolidar este tipo de relacionamento, que beneficia ambos os lados, embora nem sempre a troca seja justa.

Manter os contatos e cultivar relacionamentos implica cumprir várias tarefas. A principal mensagem que esse tipo de comportamento envia é a de que você está interessado em desenvolver uma relação benéfica para ambos os lados.

Trate, portanto, de causar a melhor primeira impressão que puder, mostre que se importa com os outros e trabalhe para construir uma boa imagem. Assim, todo mundo vai querer entrar na sua rede.

Lembre-se: fazer *networking* é construir relacionamentos antes de precisar deles. Quando surgir a necessidade, eles estarão lá, a postos, dispostos a ajudar. É ideal que da primeira até a última conversa do dia você esteja o tempo todo praticando e desenvolvendo continuamente suas habilidades como *networker*.

Não é novidade que ficar desempregado é um período difícil na vida de qualquer pessoa. No entanto, a pressa e a ansiedade para encontrar uma recolocação podem colocar em risco seu sucesso profissional. Quando você mantém uma boa rede de relacionamentos, automaticamente fica exposto na vitrine e o emprego certo surge sem nenhuma dificuldade.

O fato é que, na vida, estamos todos no mesmo barco e tudo o que se consegue é com a ajuda das pessoas. É inteligente, portanto, se empenhar na construção de relacionamentos benéficos. Todo mundo tem uma boa razão para participar – *networking* se faz em casa, na família, no trabalho, na comunidade, em toda parte.

Se você está fazendo *networking*, continue. Se não está, comece imediatamente. Para receber, é preciso dar. A vida tem suas estações, assim como você! Tenha paciência, seja prudente e mantenha o foco na qualidade e não na quantidade de seus relacionamentos. Não espere o melhor emprego para começar a trabalhar. Não espere elogios para começar a acreditar em você. Todos nascemos com o potencial para o sucesso! Basta agir com disciplina em direção à vitória! Não vivemos em um mundo perfeito. Podemos gastar nosso tempo lutando contra nossa cultura ou aceitar a realidade e investir em ser o melhor possível, por dentro e por fora. Faça sempre a coisa certa, se precisar perguntar a si mesmo se determinada coisa é certa ou errada, a resposta já está dada.

É isso. O bom profissional faz a diferença e brilha não porque está sendo observado pelos outros, mas porque se observa o tempo todo. O *networking* estratégico nos prepara para os acasos felizes. Quanto mais nos sentirmos confiantes com a nossa boa imagem e reputação, maior será a nossa predisposição para encontros casuais e para a possibilidade de convertê-los em relacionamentos vantajosos.

A verdade é que, no fim do dia, nós caímos em três redes: inteligentes, não inteligentes e más notícias. Em qual rede você escolhe cair?

Gravidez e trabalho combinam?

Gravidez não é doença! É possível sim trabalhar e ter excelente desempenho estando grávida. Sabemos que a legislação garante direitos e certa estabilidade para as gestantes, no entanto, isso não pode ser desculpa para deixar de cumprir com suas obrigações na empresa.

Claro que toda gravidez e trabalho têm sua particularidade e exceção. Vai depender do tipo de trabalho que a grávida exerce e as condições de saúde declaradas por seu médico.

Na hora de comunicar seu chefe de sua gravidez, faça pessoalmente e comunique com alegria, mas sem euforia. Vale lembrar que o chefe ou as pessoas da equipe não são obrigadas a se emocionar ou a se envolver. E a grávida não deve ficar chateada contando para todos a "insensibilidade" do chefe ou de alguns na equipe. Muita cautela para não entrar nesse caminho.

É comum a gestante sentir certa insegurança quanto ao seu trabalho, afinal, provavelmente a empresa contratará outro profissional para cuidar de suas responsabilidades quando se ausentar na licença maternidade. Por isso, assim que comunicar a notícia de gravidez, lembre-se que a vida dentro da empresa continua normalmente e você deverá se dedicar inteiramente à sua função. Entendo que quanto mais alto o cargo na empresa, maior a preocupação dela sobre como vai ficar a situação no trabalho durante a gestação.

Como que a mulher grávida deve se comportar durante a gravidez no trabalho, como conciliar exames, mudanças de humor, enjoos, enfim, tudo o que vem junto com a gestação e o trabalho?

Antes de mais nada, é preciso entender que não se pode separar a maternidade e a competência profissional e, por incrível que pareça, a maior dificuldade é justamente aceitar a ideia de que se pode conciliar as coisas, tendo um cargo de chefia e também uma família.

De modo geral, a futura mãe deve estar a par do que está acontecendo no seu meio profissional e se manter responsável por ele.

Negociar horários mais flexíveis e conduzir reuniões mais rapidamente são alternativas sempre à mão. Afinal, o que importa é a qualidade do trabalho, não o tempo que se passa na empresa. Se as crises de enjoo se repetem, uma dica é ingerir um alimento a cada duas horas – não há mal algum em fechar a porta discretamente para fazer um lanche sentada à mesa. Se as pernas incham, basta providenciar um banquinho e colocá-las para cima, tomando o cuidado, obviamente, de estar de calça e se manter discreta.

Vontade de ir ao banheiro frequentemente? Em uma reunião, o melhor é sentar, então, perto da porta de saída, para não interromper o andamento dos trabalhos.

Trabalho e gravidez combinam sim. Gravidez não pode ser impedimento para admissão em uma vaga de trabalho, muito menos motivo para demissão do emprego. E estamos vendo que o mundo corporativo está pronto para negociar e fazer concessões; as grandes empresas estão tão preocupadas com a evasão de talentos femininos que abrir mão de uma ou duas horas do expediente ou impor o local onde esta profissional vai trabalhar é o de menos.

Negociar, negociar sempre e individualmente – seja a flexibilidade de horários, a licença temporária ou o teletrabalho, enfim, o que for possível obter. E aproveitar que se está no exercício do poder para implementar cada vez mais programas de promoção do equilíbrio entre vida pessoal e profissional para todos, homens e mulheres.

Corporate bullying

A tecnologia com certeza veio para nos ajudar com a vida moderna e traz consigo assuntos nunca antes sequer considerados no ambiente corporativo, como o *corporate bullying*.

Este tipo de *bullying* ocorre quando imagens ou informações de profissionais de uma companhia são divulgadas na internet, sem autorização das pessoas envolvidas. Esse assédio aumentou muito e tenho recebido consultas frequentes sobre essa temática.

Há pouco tempo, praticamente não havia registros desse tipo de crime. Tenho recebido inclusive alguns relatos de profissionais que me escrevem dizendo ter uma "carta na manga" para chantagearem as chefias caso sejam demitidos.

O *corporate bullying* pode ocorrer entre funcionários ou entre chefes e subordinados. Quando um funcionário constata que houve uso indevido de imagens ou informações na web, ele deve comunicar a empresa e, se ela não exigir a retirada desse material da internet, ela poderá ser considerada conivente com a situação, segundo a lei.

Corporate bullying não pode ser confundido com SAC – Serviço de Atendimento ao Cliente –, em que o consumidor pode reclamar e até mesmo falar mal do serviço prestado pela empresa.

Trata-se daquele erro de interpretação de sua frase, uma foto tirada em um momento inadequado e que se torna comprometedora, até mesmo aquele vídeo contendo cenas que podem arranhar sua imagem profissional.

Quem não se lembra da famosa propaganda de cigarros que deu origem na cultura brasileira sobre a Lei de Gérson?

A expressão originou-se em uma propaganda de cigarros associando a imagem do atleta Gérson (campeão do mundo da Copa do Mundo de 1970) com as vantagens de fumar certa marca de cigarros.

O público fez uma interpretação errônea de seu vídeo, as pessoas entenderam o fato de tirar vantagem como ser malandro.

O *corporate bullying* também está relacionado à interpretação errada sobre um fato. A situação começou a agravar nos últimos anos porque, em situações onde as chefias precisam conversar de uma maneira mais dura com os subordinados, há o risco de a conversa ser gravada e ser usada como prova de assédio moral. Neste caso, a empresa pode ser processada.

Enquanto não há uma legislação específica, aqui vão algumas dicas para você não ser pego em uma confusão profissional:

1. Se sua imagem, texto ou vídeo for divulgado sem sua autorização, algo que seja prejudicial a você ou a sua carreira e que esteja relacionada com sua empresa, comunique imediatamente a companhia para que

providências sejam tomadas e faça uma denuncia à Justiça. As empresas não querem correr riscos prejudiciais para a reputação da companhia, dos executivos e da marca.

2. As empresas precisam incluir nos Códigos de Conduta como os funcionários devem proceder nessas situações e prever punições. Assim as regras do jogo ficam mais claras em cada organização.

3. Ajuste as configurações de privacidade em suas redes sociais imediatamente, para não se colocar em situações constrangedoras. Afinal de contas, a lei brasileira não prevê punição a todos os crimes digitais, então não vale denunciar imagem em que você foi marcado no Facebook. Fique esperto!

4. Tenha conduta exemplar! Isso mesmo, tenha consciência do papel que você exerce na empresa e perante a sociedade, e tenha comportamentos adequados ao cargo exercido. Muitas pessoas não gostam quando digo isso e criticam o fato de terem que se "policiar" em alguns momentos. A verdade é que, infelizmente, nem todas as pessoas que estão próximas a você querem o seu bem e desejam te ajudar. À medida que crescemos na hierarquia da empresa, mais responsabilidade assumimos e acumulamos mais peso para nossas ações, lidar com *corporate bullying* é um grande desafio.

5. Aquela regra de ouro que funciona há mais de dois mil anos e que prevalece ainda nos dias de hoje: "Tudo, portanto, quanto desejais que os outros vos façam, fazei-o, vós também, a eles. Isto é a lei e os Profetas" (Mt 7:12), ou seja, o que eu não quero que façam comigo eu não devo fazer para o próximo. Se cada ser humano usasse essa regra máxima em suas ações, tudo seria bem mais fácil.

Assuntos do coração são mesmo complicados

Como trabalhar e manter bom desempenho na empresa com o coração partido?

Foi-se o tempo em que falávamos de equilíbrio entre vida pessoal e profissional, afinal o conceito de equilíbrio nos remetia a ideia de áreas separadas da vida.

Hoje, falamos do conceito de integração, pois esta linha divisória entre vida pessoal e profissional já não está tão evidente. Se algo ruim ou bom acontece em casa, é natural que se reflita no trabalho e vice-versa.

Quero falar de um assunto que raramente é tratado com seriedade nas organizações. Quando um profissional rompe o relacionamento amoroso ou enfrenta um divórcio, como trabalhar e manter bom desempenho na empresa estando com coração partido?

Quando sofremos um acidente, quebramos a perna, braço ou até mesmo quando contraímos uma conjuntivite, fica evidente que precisamos tirar licença para nos recuperarmos. E quando se trata de rompimento de relação amorosa? Nossa CLT (Consolidação das Leis do Trabalho) não prevê licença para este tipo de dor.

E acredite, qualquer rompimento, seja divórcio ou término de namoro, deixa marcas em quem passa por ele.

Assuntos do coração são mesmo complicados, ainda mais quando se trata de um coração partido. Por isso, coloco aqui algumas dicas que podem ajudar na sua recuperação sentimental.

Vale lembrar que o chefe ou as pessoas da equipe não são obrigados a se emocionar ou se envolver com seus problemas. Você não deve ficar chateado contando a todos sobre a "insensibilidade" do chefe ou de colegas. Muita cautela para não entrar nesse caminho.

- Procure escuta profissional. É importante contar com alguém preparado para te ajudar e que será pago para te ouvir.

- Pode parecer cruel o que direi, mas representa a mais pura realidade, nem sempre os colegas da empresa estão interessados em ouvir seus problemas profissionais, quanto mais pessoais.

- Dedique-se a atividades rotineiras. Sabe aquelas tarefas que exigem pouca atenção e que estão esperando para serem realizadas há tempos na sua mesa? Pois bem, esse é um bom momento para desovar pendências rotineiras.

Procure não fazer atividades que necessitem de muita atenção, pois pode ser que deixe escapar alguma informação crucial que pode te prejudicar. Se tiver mesmo que fazer tal atividade, neste caso conte com ajuda de algum colega para ler aquele documento ou revisar a apresentação, isso não significa que deixará sob responsabilidade da outra pessoa, apenas peça ajuda.

- Se sentir a pressão muito forte e for preciso, não tem nada de errado ir até o banheiro para chorar. Faça isso. Desde que seja para aliviar a tristeza daquele momento.

  Também não deve ficar chorando compulsivamente o dia todo na frente de todos. Se tiver possibilidade, procure tirar do banco de horas pelo menos dois dias para que possa recuperar seu controle.

Vá por mim, nas empresas, muitas pessoas ainda não sabem lidar com as emoções. Chegará um tempo em que não seremos julgados por nossas emoções. Mas ainda não estamos lá e, dependendo da emoção demonstrada, pode pesar negativamente na empresa.

No demais, dê tempo ao tempo. Gosto e apoio o conceito de um dia por vez. Trate de forma cuidadosa seus sentimentos, absorva tudo o que aconteceu e utilize para aprender, crescer e avançar na vida.

Estou desmotivado no trabalho! Como saio dessa?

Há dias em que você vai para o trabalho satisfeito e motivado. Há outros, porém, em que tudo o que mais queria era ficar em casa. Neste dia, a tal da desmotivação aparece e nos sentimos "anestesiados" perante qualquer atividade na empresa.

A motivação é "motivo para ação", uma razão para fazer alguma coisa. Ela está sempre presente. Pode ser boa ou ruim, no entanto, invariavelmente, está lá. Acontece no momento. Não é algo que possamos comprar em uma caixa ou em uma garrafa e colocar na prateleira.

Pois bem, é isso mesmo: a motivação vem de dentro para fora. Agora, se é de dentro para fora, por que ficamos desmotivados? Para entendermos o porquê isso acontece, vou falar de dois paradigmas da motivação que ainda percorrem algumas empresas por onde passo:

1. **Esperar que a motivação venha dos outros.** Muitas pessoas têm problemas em localizar e identificar situações de desmotivação no trabalho. Em muitos casos acabam buscando culpados para punir, como o chefe, por exemplo. Será que isto está acontecendo com você?

   O bom chefe deve sim gerar o estímulo correto para que seus funcionários tenham "motivo para ação", mas a verdade é que ele poderá fazer nada por alguém. Como já sabe, a motivação vem de dentro e, portanto, o único responsável por sua motivação é você mesmo!

2. **Ter a crença que motivação é sinônimo de sucesso.** Todos passamos por momentos em que começamos a duvidar do nosso trabalho e das nossas capacidades. Nem é necessário as coisas estarem indo por um mau caminho para isso acontecer. Ter sucesso nem sempre é sinônimo de motivação. Muitas vezes é o contrário. O desafio para alcançar determinado resultado pode te motivar e o sucesso é consequência desta caminhada. Não é o sucesso que traz a motivação e sim a motivação que traz o sucesso!

E como reverter essa situação de desânimo? Minha desmotivação tem "cura"? É preciso dominar esse desânimo com um poder muito grande de automotivação. Essa força vem de dentro de você, é preciso reencontrar os motivos para vencer e para superar os obstáculos do dia a dia.

Só há uma maneira de ficar motivado, é agir! Se formos esperar ter as condições ideais primeiro para depois nos motivarmos, jamais nos motivaríamos com coisa alguma, pois sempre temos razões para ficarmos desmotivados.

Por isso, seguem três passos para você reverter esse desânimo na empresa:

1. **Verificar se seu seus valores estão alinhados com os da sua empresa:** os valores são parâmetros que decidimos o que é importante ou não em nossas vidas. Eles são onde você gasta seu tempo, dinheiro e energia. Seus valores devem ajudá-lo a definir suas escolhas diárias. Os valores da sua empresa determinam o comportamento das pessoas independentemente de seu tamanho, origem ou segmento de mercado. Somente quando seus valores e ação estão alinhados é que você tem integridade. Por esse motivo, é fundamental que os seus valores estejam alinhados com os da sua empresa, caso não estejam congruentes, esta pode ser uma das razões de sua insatisfação.

2. **Tenha um objetivo claro de vida. Onde quer estar?** Pense no futuro e tenha perspectiva. Quando não se sabe qual o destino da viagem, não há razão para seguir sua caminhada, não é mesmo? Isso geralmente acontece quando o profissional pensa somente no emprego, ao invés de pensar em uma carreira. Quando se pensa em emprego, em trabalho, no cotidiano, no dia a dia, você tem a sensação de "curto prazo". Para definir seu objetivo de vida, saiba o que o sucesso representa para você. Afinal de contas, o que motiva seu colega com certeza é diferente do que te motiva.

3. **Aumente sua capacidade para lidar com a adversidade:** todo profissional passa por várias adversidades, mas nem sempre está equipado para lidar com elas. Reagimos de acordo com a capacidade de controlar nossas respostas perante as dificuldades do dia a dia. O objetivo é determinar qual parte da situação você é responsável por melhorar, o quanto

você se responsabiliza pela situação – não interessa quem é o culpado e sim como pode resolver –, o quanto exerce o seu papel na recuperação de algo – independentemente de quem causou. Por isso que ter objetivo é muito importante para se manter motivado. A grande questão é como obter mais motivação nas áreas em que desejamos. Como nos tornarmos – e os que estão mais próximos a nós – mais estimulados a perseguir realizações profissionais e nos negócios.

Vou almoçar com o chefe, e agora?

Unir ainda mais a equipe, criar sinergia para que o clima na empresa fique cada vez mais agradável, essa é a proposta de um almoço de trabalho. Normalmente, o almoço entre os colegas da empresa tem o intuito de promover a integração entre aqueles que trabalham juntos diariamente. Mas e quando o convite vem do chefe?

Sozinho ou com toda a equipe, o almoço com o chefe pode ser uma oportunidade única, mas é preciso ficar atento para não cair em armadilhas que podem prejudicá-lo:

- **Chegue no horário combinado – pontualidade é fundamental:** ser pontual é uma questão de responsabilidade e profissionalismo. Afinal, trata-se de um almoço de trabalho com horário predefinido. Chegue no horário combinado, mesmo que seu chefe tenha o mau hábito de chegar atrasado às reuniões da empresa. Cá entre nós, é melhor que você fique esperando pelo seu chefe atrasado do que fazê-lo esperar por você.

- **O que falar?** É importante conhecer o objetivo central do almoço. Se for estritamente profissional, como discutir suas atividades ou novos projetos do departamento, então esse deve ser o tema dominante ao longo de toda a refeição. Caso contrário, é perfeitamente plausível que fale de outras coisas que não somente o trabalho.

  Almoçar com o chefe pode ser uma excelente oportunidade para que vocês se conheçam melhor, mas existem limites devem ser respeitados. Não esqueça que este almoço não passa de um encontro profissional, por isso, evite revelar detalhes sobre a sua vida pessoal e, claro, fazer perguntas indiscretas. O silêncio nem sempre é ruim, principalmente se tiver nervoso ou sem assunto. Temas da atualidade ou relacionados com o mercado da empresa podem ser abordados.

- **Mesmo em um almoço descontraído, posso ser avaliado pelo meu chefe?** Provavelmente seu chefe estará observando você a todo o momento e bom senso é a palavra-chave. Mantenha sempre uma postura profissional e madura, tenha cuidado com piadinhas e outras brincadeiras aparentemente inofensivas.

  A ideia não é agir de uma forma "robotizada" ou ficar na defensiva, mas é importante pensar antes de agir e não confundir assuntos.

- **Posso falar sobre meus objetivos profissionais?** Mais uma vez, o bom senso é a palavra-chave. Este almoço pode ser uma excelente oportunidade para falar sobre suas ideias e projetos futuros. Procure falar sobre seus estudos e os planos de novos cursos que deseja investir para sua carreira.

Lembre-se: ninguém gosta de quem reclama demais. Não é o momento para ficar lamentando que está trabalhando demais e ganhando pouco, muito menos gabar-se do quão maravilhoso profissional você é. Pense na troca, deixe seu chefe te conhecer e faça perguntas para conhecê-lo também.

- **O peixe morre pela boca!** Estar frente a frente com o seu chefe em um restaurante pode revelar-se constrangedor. Muitas vezes queremos logo "quebrar o gelo". Provavelmente seu chefe vai perguntar coisas sobre você, com objetivo de te conhecer melhor e, claro, para saber se pode investir e contar com você no futuro. Falar que quer abrir seu próprio negócio, que está trabalhando na empresa por período passageiro ou que seu objetivo é acumular dinheiro suficiente para viajar e mudar de país pode ser prejudicial a você.

  Se o seu chefe lhe fizer perguntas diretas sobre a empresa, sobre o seu trabalho e a equipe, procure responder sempre da forma mais diplomática e profissional possível. Além disso, não caia na tentação de expor fofocas do escritório ou queixar-se dos colegas do seu departamento. Se seu chefe fizer algum comentário em tom "maldoso" sobre alguém, sorria, diga que não tinha pensado sobre o assunto sob aquele ângulo e não contribua com a fofoca.

- **O menos é mais!** Não sou especialista em etiqueta e nem é o objetivo central deste capítulo, mas algumas premissas não podem ficar de fora, entre elas: não atenda chamadas telefônicas durante o almoço, a velha premissa de quem está presente tem prioridade é válida. Ficar "twittando" durante o almoço ou tirar foto do prato escolhido para postar no Facebook pode ser constrangedor.

Procure não pedir o prato mais caro do cardápio. Peça algo que não vá se arrepender de comer depois. Não peça bebida alcoólica, mesmo que seu chefe diga para você acompanhá-lo. Afinal de contas, você voltará ao trabalho normalmente após o almoço.

No final da refeição é natural que seu chefe pague a conta, não se sinta mal com isso e não fique insistindo para dividir a conta. Afinal, quase sempre quem convida é quem paga a conta, portanto, agradeça e aproveite o momento!

Dizer não ao chefe, como fazer?

Ao ser contratado, geralmente cada funcionário recebe a descrição de suas atividades e responsabilidades na empresa, mas no meio do caminho, surgem as solicitações de última hora do chefe. É fato que as empresas esperam e algumas exigem que os funcionários façam mais do que descrito em seu descritivo de atividades e, claro, em menor tempo.

Esses pedidos ditos como "urgentes" e "isso é para ontem", muitas vezes testam a capacidade do funcionário com tarefas novas, identificam os mais dispostos que, no futuro, poderão ter condições de serem promovidos e principalmente os que têm jogo de cintura. Até aí tudo bem, afinal, "quebrar o galho" do chefe faz parte do jogo corporativo. O problema é quando os pedidos passam a ser corriqueiros e começam a atrapalhar o desempenho das atividades habituais. É hora de dizer não.

Dizer não talvez seja uma das tarefas mais difíceis de realizar em uma empresa, mas ela deve ser feita, sim, porém, de forma a não comprometer sua imagem.

Veja que círculo vicioso que muitos vivem na empresa: trabalham e desempenham satisfatoriamente as atribuições que lhes foram confiadas. Adquirem habilidade e cumprem suas responsabilidades com rapidez. O tempo "extra" que conquistam poderia ser dedicado a atividades estratégicas para o negócio da empresa, no entanto, é ocupado por tarefas "quebra-galhos" do chefe e de outros colegas. A questão é que, muitas vezes, o prêmio pela produtividade é mais trabalho! O que, invariavelmente, uma hora acarreta problemas na sua eficácia. Todos nós temos um limite e quando o próprio chefe não compreende, é fundamental e necessário nos posicionarmos.

No caso de dizer um não ao seu chefe, a primeira reação poderá ser um choque, afinal, você é o funcionário prestativo e competente que resolve tudo!

Por isso, antes de dizer não, fique atento às dicas para não prejudicar sua imagem profissional:

1. Organize sua agenda e a elabore de forma realista, o que significa definir compromissos, mas também deixar espaço para mudanças de última hora. Uma agenda rígida, com compromissos consecutivos, dificilmente será cumprida e causará frustração. Pressa e vontade de resolver tudo levam você a subestimar a duração das tarefas.

Para lidar com o acúmulo de tarefas e funções sendo mais que eficiente, hoje é preciso ser eficaz e fazer aquilo que agrega mais valor. A melhor maneira de fazer isso é escolher e negociar bem quais tarefas você sabe executar e que são estratégicas de verdade para o negócio. Se você não sabe quanto tempo precisará para terminar uma tarefa do dia a dia, como poderá mostrar e negociar com seu chefe que não terá tempo para fazer o que ele pede?

2. Seja disponível, mais crie suas proteções. Quando precisar se concentrar para terminar uma atividade, desligue telefone, e-mails e redes sociais. Uma interrupção pode ser aceita ou não. Atualmente, 82% das pessoas dizem perder tempo com atividades inúteis por não terem dito "não". Por isso, aprenda a fazê-lo quando necessário. Avalie se a demanda é imediata, marque a conversa para mais tarde ou delegue.

3. Diga não ou sim mais tarde: depois de checar sua agenda e sua única alternativa é dizer não ao chefe, então diga algo como: "Chefe, quero muito atender seu pedido, veja aqui a lista de atividades que já me passou e que também são urgentes. Para que eu possa atender mais esta nova solicitação no prazo, quais destas tarefas me autoriza que não faça e que não entregue no prazo?".

Seja esforçado ao mesmo tempo que recusa realizar uma tarefa, mostre ao seu chefe que já está trabalhando para terminar outras a tempo.

4. Apresente um plano alternativo: tenha em mãos soluções para o problema e na hora de dizer não procure informar outras maneiras rápidas de resolver o assunto.

5. Nunca prometa algo que não poderá cumprir: o pior que alguém pode fazer é se comprometer com alguma tarefa ou data e não a cumprir.

Agora que você já sabe que existe, sim, a possibilidade de dizer um não sem que isso arranhe sua imagem profissional ou gere sua demissão, aproveite o momento para reavaliar sua rotina e se não é preciso pronunciar mais vezes ou pela primeira vez um não. Só não esqueça de que o mais importante não é o que se diz, mas como e quando se diz.

Chefe mais novo

Tenho um chefe que é mais novo que eu ou que tem menos tempo de empresa. Como devo agir?

Cada vez mais temos jovens assumindo cargos de liderança dentro das organizações, tendo como subordinados profissionais mais velhos.

Não se surpreenda se você deparar com uma selecionadora 15 anos mais jovem do que você ou com um chefe que tenha jogado no mesmo time de futebol dente de leite em que seu filho jogou.

Esta delicada relação, que parece invertida para os padrões da nossa sociedade, é normal no ambiente de trabalho.

Com o mercado em transição e as relações de trabalho modificadas, a tendência é que, cada vez mais, a chefia seja determinada por fatores que vão além da experiência e da idade.

O que me chama atenção é que aquela antiga ideia de que a idade tinha em si uma forte dose de experiência cai por terra quando vemos que o que se valoriza hoje são características comportamentais como flexibilidade, capacidade de adaptação principalmente a novas tecnologias, competências de relacionamento interpessoal, entre outras, características essas vinculadas a escolha interna e nada tem a ver com idade cronológica.

Em minha experiência como *coach*, geralmente me deparo com profissionais com idade cronológica avançada e que são extremamente imaturos em termos comportamentais, ao passo que conheço jovens muito maduros em relação às habilidades comportamentais.

É importante entender que o aspecto cultural da empresa ou segmento de atuação são fatores que podem levar pessoas jovens a um cargo de chefia. Outro aspecto é a qualificação em si, afinal as gerações mais novas são estimuladas a buscarem em pouco tempo qualificações técnicas e profissionalizantes e, como consequência, tornam-se especialistas assumindo cargos de média e alta gerência com poucos anos de idade e, muitas vezes, ainda sem experiência.

Cada um, independentemente da idade, tem seu papel a desenrolar no ambiente de trabalho. Geralmente, os mais velhos mantêm a tradição, enquanto os mais jovens são responsáveis pelas inovações. Profissionais mais experientes são, muitas vezes, os grandes disseminadores da cultura da empresa e, por isso, têm um papel fundamental para que se perpetue a história da organização, o "jeitão de atender os clientes", entre outros fatores, assim como os jovens podem ser muito importantes para as inovações, para novas tecnologias, entre outros. Ou seja, é a reunião destes dois profissionais que pode fazer a diferença para uma organização.

Importante ressaltar um velho paradigma que ainda permeia as empresas: o de assumir a liderança profissionais com anos de "casa". Ledo engano.

Peter Drucker disse que o líder de ontem tinha que saber fazer, o líder de hoje não precisa saber fazer e sim saber perguntar.

Quem foi que disse que o fato do profissional ter muitos anos em seu cargo significa que está apto a liderar equipes?

Sempre digo que cargos de liderança não são para todos!

É muito comum quando pessoas se destacam em suas atividades, geralmente são promovidas a cargo de liderança, mas nem sempre são preparadas para tal. Por onde atuo, frequentemente ouço a seguinte reclamação: perdemos um excelente analista e ganhamos um péssimo líder.

Liderança é habilidade para lidar com pessoas e, claro, com todos os problemas que elas trazem. E é fato também que devemos lembrar que a liderança não deve estar vinculada à idade, sexo ou qualquer outra característica cultural e social, mas sim às competências que cada um deve ter ou desenvolver para este processo.

Vamos às dicas para você lidar melhor com essa situação.

Se você é o funcionário mais velho e também o mais experiente:
- Entenda que ter um chefe mais novo é um processo natural e que há motivos para seu líder estar onde está.
- Evite resistir e procurar erros nas decisões do chefe. Não subestime a capacidade de seu líder. Maturidade não está diretamente ligada à idade.
- Nunca teste seu chefe. Claro que é difícil ter alguém tão jovem dizendo o que você deve fazer, mas não teste essa pessoa. Analise-a. Está aí a grande diferença. Veja como ela lidera, quais forças e fraquezas estão em jogo, como pode ajudar você e seus colegas. Além

disso, analise como o chefe pode lhe ajudar a ter sucesso e recompensas.

- Seja o inteligente da relação, o "velho sábio". Se você pensa que seu chefe carece de experiência, sabedoria, contatos, seja aquele que oferece isso tudo. Ofereça seu conselho, mas em particular, claro, sem constrangê-lo. Seja um apoio para ele. Além disso, gerencie a si mesmo como qualquer pessoa deve fazer. Trabalhe bem e solucione problemas, em vez de criá-los.

- As regras, portanto, são básicas: deve-se sempre buscar entender o próximo e aceitar as forças e fraquezas de cada um. O que se faz no trabalho é o que se faz em qualquer outra situação em que existe diferença entre pessoas. É preciso respeitar a diversidade.

- Pense da seguinte forma: "E se fosse eu? Como eu gostaria de ser tratado pelos mais velhos?". Pare para pensar por que seu chefe está nessa posição. Com certeza há alguma razão para isso. Então, desenvolva novas habilidades e melhore as que já tem, de modo a se comparar a ele e até mesmo ir em busca de uma promoção.

Se você é o chefe jovem:

- Cuidado com orgulho, arrogância e ansiedade. Essas características, se não forem dosadas, podem depor contra você.

- Entenda que os mais velhos detêm conhecimentos e experiências muito importantes para o sucesso de sua liderança.

- Saiba ouvir e debater com clareza suas posições. A essência da liderança está em primeiro compreender para depois ser compreendido.

- Demonstre com resultados práticos suas ideias e planos. Prove por meio de resultado seu mérito.

- Seja humilde e aceite que pode aprender com as pessoas mais velhas. Ocupar uma posição de chefia não é sinônimo de saber tudo.
- Independente da idade, se ocupa cargos de liderança ou não, sempre é momento para reavaliar nosso comportamento e nossas atitudes na empresa. Procurar compreender o outro exige consideração, procurar ser entendido requer coragem, somente no equilíbrio entre os dois é que teremos uma comunicação aberta na empresa.

Feedback

Técnica do sanduíche

A crítica é parte fundamental do processo que visa orientar as pessoas a apresentarem comportamento e desempenho adequados a uma determinada situação.

Toda crítica que recebemos em relação àquilo que realizamos é de essencial importância para nosso aprendizado e crescimento. A crítica permite modificar nossa maneira de lidar com determinadas situações e trabalhar com maior empenho, em busca de melhores resultados.

Pessoas bem-sucedidas sabem valorizar as críticas que recebem de chefes, subordinados, colegas, clientes e fornecedores no meio em que vivem e aprendem a utilizá-las em proveito próprio. Na verdade, essas pessoas buscam as críticas. Elas reconhecem a necessidade de tecer críticas e sua verdadeira importância quando a verdadeira intenção está voltada para aprimorar desempenhos e relacionamentos.

A capacidade de criticar construtivamente, de saber receber críticas e utilizá-las em proveito próprio é fundamental, não apenas no ambiente de trabalho, mas também nas relações sociais e familiares.

O objetivo deste livro é ajudá-lo a fazer críticas construtivas da maneira mais adequada. É o tipo de *feedback* que tem sempre o foco no aspecto positivo, essencial para que a pessoa não perca sua motivação. A prática do *feedback* construtivo pode realmente fazer a diferença no desempenho das pessoas.

Para facilitar seu aprendizado, vou repassar a famosa técnica do "sanduíche", já bastante comentada em artigos, livros e revistas da área de gestão de pessoas.

Imagine que você queira fazer um sanduíche em sua casa. Quais seriam os passos para fazer esse sanduíche? Primeiro passo: corte o pão em duas metades, pegue a base do pão e passe o condimento de sua preferência (maionese, requeijão, patê etc.). O segundo passo é rechear seu sanduíche com os ingredientes que mais gosta. Essa é a parte mais importante, afinal é o fator que faz você escolher entre um lanche ou outro. Por último, você fechará seu sanduíche com a outra base do pão.

Simples assim! Pois bem, o *feedback* construtivo também pode ser feito da mesma forma que você faz seu sanduíche, em três passos:

Primeiro passo: base do pão. Inicie a conversa com ênfase e valorização dos pontos fortes daquele colaborador. Lembre-se: o objetivo do *feedback* é aprimorar um comportamento ou desempenho daquele colaborador. Você está prestes a comentar algo que não deu certo e, ao iniciar a conversa se expressando positivamente, indicará que esse "bate-papo" terá desfecho assertivo.

Segundo passo: recheio do sanduíche. Exponha pontos a serem melhorados. A exemplo do seu sanduíche, essa é a parte mais importante, por isso vou descrevê-la em tópicos:

a) **Descreva o que aconteceu:** qual é o problema? Tenha bem claro o quê, no atual comportamento ou desempenho, precisa ser alterado e por quê. Cite um exemplo real. Esse é um ponto crucial. É essencial que a pessoa compreenda qual é o ponto. Em seguida, que ela aceite que há um problema. E, finalmente, é importante que ela aceite que há a necessidade de mudar.

b) **Ouça:** permita que o colaborador exponha suas dúvidas e motivos de suas possíveis dificuldades.

c) **Descreva o comportamento desejado (o que se espera no final do trabalho):** seja específico. É muito importante deixar claro o desempenho ou resultado esperado. Muitas vezes, o trabalho não é apresentado como se deseja porque as pessoas não sabem claramente o que está sendo esperado.

d) **Procure soluções conjuntamente:** promover os ajustes necessários para a execução da tarefa pode não ser muito simples e o colaborador pode sim estar precisando de ajuda. Você pode dar alguns exemplos, orientações e sugestões sobre como a tarefa pode ser realizada, tendo-se em vista o objetivo final esperado.

e) **Chegue a um acordo:** é delicado forçar a execução do trabalho da forma como você acha adequada ou agir para mudar o comportamento do colaborador. Você pode ajudá-lo e encorajá-lo diante do desafio proposto, mas nunca deve se esquecer de que é ele quem realizará a tarefa, mesmo sabendo que não o fará da forma como você faria. E isso não significa que o trabalho não será bem-feito. Pense na seguinte frase: "Eu sei fazer isso muito bem, mas outros podem fazer ainda melhor".

Terceiro passo: fechar o sanduíche. Reforce novamente os pontos positivos. Demonstre confiança na possibilidade de êxito, aperfeiçoamento e crescimento.

É importante frisar que você deve criar um ambiente apropriado para a crítica, buscando falar com o colaborador em um local adequado, em particular e isento de interrupções. A crítica é sempre em particular e o elogio em público. Nunca o contrário.

Faça uso dos passos da técnica do sanduíche para melhorar os relacionamentos na empresa. Você também pode utilizá-la para revisar seu desempenho depois da sessão de crítica e, assim, fazer a si alguma crítica.

Fofoca no trabalho

Como lidar com esse "zunzunzun"

Quero falar com você sobre fofoca no trabalho. A sabedoria diz que ninguém deveria fofocar no ambiente de trabalho, e ponto final. Mas sabemos que, nas conversinhas de corredor na empresa, é possível perceber em pouco tempo aquelas pessoas que gostam de falar pelos cotovelos, que curtem uma especulação da vida alheia.

Difícil encontrar quem nunca a fez ou foi alvo dela no local de trabalho. Mas saiba que a fofoca é como uma bomba, prestes a detonar seu trabalho e sua reputação.

Uma pesquisa recente realizada em São Paulo relatou que 83% dos entrevistados disseram que o maior incômodo no ambiente de trabalho é a fofoca excessiva. O mais interessante é que até hoje não presenciei nenhum trabalhador se assumir como o "leva e traz" oficial da empresa. Já repararam que é sempre "o outro" quem faz as fofocas alheias?

Não há um antídoto contra a fofoca; é quase impossível ficar livre dos fofoqueiros e de seus comentários, mas dá para aprender a lidar melhor com a situação. Por isso, não custa se proteger. Algumas dicas podem ser usadas no dia a dia, tornando o clima organizacional mais saudável:

- Analise e saiba distinguir a informação que chegou até você. Fofoca é tudo aquilo que vem com a intenção de atacar alguém, sem conteúdo ou simplesmente com segundas intenções. Há informações que são trocadas na empresa e não estão classificadas como fofoca. Saber distinguir é importante. Pergunte-se: é verdade? O que vou ganhar com isso? Irá acrescentar algo para mim ou para a empresa? Proporcionará melhoria no ambiente?

- Jamais utilize e-mails ou redes sociais para postar uma fofoca ou comentário "maldoso". Tudo o que se coloca na internet por escrito vira documento e pode até causar demissão.

- Se no momento do cafezinho algum comentário inconveniente surgir, a melhor alternativa é sair discretamente e não dar espaço para que o assunto se estenda. Uma outra alternativa na hora do café é rebater ao colega fofoqueiro: "Vamos falar de nós?". Isso corta o barato de qualquer um.

- Caso você precise desabafar algum problema seu, escolha uma pessoa em quem você confia, bem como o local e o horário adequados. Aliás, contar sobre sua vida pessoal para colegas de trabalho é um verdadeiro perigo. Os espertinhos oferecem um ombro amigo e acabam falando o que não deviam. Para usarem essa informação contra você é um pulo.

- Caso tenha amigos no ambiente de trabalho, seja discreto. Não comente na frente dos outros colegas os programas que vocês fizeram, pois desperta ciúme e gera comentários.
- Vale a premissa de todos os tempos: cultive um bom relacionamento com seus colegas de trabalho. Afinal de contas, quando tiver um falatório, você terá aliados ou então será alertado sobre o boato.
- Se você for foco do boato na empresa, não se deixe abalar e a melhor maneira para acabar com isso é expor a situação. Converse diretamente com o mexeriqueiro, seja firme (sem ser grosseiro) e diga que acha a atitude de mau gosto. A conversa franca o desarmará.
- Sempre há o que fazer no trabalho. Se o seu tempo parece vago, aproveite o momento para o seu desenvolvimento.
- Se você é gestor e percebeu que algum boato percorre entre os membros de sua equipe, averigue o que está ocorrendo. Para isso, uma conversa individual e totalmente discreta com os subordinados pode evitar problemas futuros.

"Só realizo trabalho que mexe com meu bolso!"

"Só realizo trabalho que mexe com meu bolso!". Ouvi esta frase de um colaborador de uma grande multinacional e fiquei me questionando se estava ouvindo uma declaração sincera e realista ou uma visão míope e descompromissada deste profissional.

Em minha prática como *coach* e facilitadora de treinamento, é muito comum presenciar em várias organizações excelentes profissionais sendo "esmagados" por líderes medíocres, com atitudes mesquinhas que detonam qualquer boa vontade e iniciativa do colaborador para que o negócio e a empresa cresçam.

Por outro lado, também vejo empresas investindo pesado no desenvolvimento de seus colaboradores, organizações que são parceiras e priorizam bem-estar e qualidade de vida de seus funcionários, pagam salários e bônus acima da média de mercado e mesmo assim continuam implorando por uma ideia inovadora para expandir suas vendas e atuação no mercado.

Qual seria então o limite entre fazer seu trabalho com excelência, agindo como dono do negócio e focar somente no trabalho que foi contratado para desempenhar?

O contrato de trabalho praticado nos dias de hoje é muito simples: você, por livre escolha, assinou um documento concordando em doar seu precioso tempo, suas ideias criativas, suas habilidades e pontos fortes em troca de salário, benefícios, *status* e/ou poder. Não sei quais foram seus critérios eleitos e se houve arrependimento; o fato é que você escolheu e aceitou este trabalho.

Por isso penso que jamais um profissional será prejudicado por optar fazer além de suas atribuições. A diferença entre fazer algo com excelência e fazer de "qualquer jeito" te dará quase que o mesmo trabalho, mas os resultados são completamente diferentes.

Talvez você esteja trabalhando numa empresa que não valorize seu esforço e dedicação, ou até mesmo esteja sofrendo com colegas de trabalho medíocres que te deixam sem energia. E essa situação pode fazer com que você não queira entregar mais do que foi contratado para desempenhar. Mais uma vez o conflito entre o que queremos fazer e o que devemos fazer.

Não existem empresas perfeitas, existem aquelas que atendem suas necessidades naquele momento de vida. Também não existem empresas ruins, somente profissionais que escolheram o lugar errado para trabalhar.

E você? Fez uma boa escolha?

Whatsapp e seus usuários abusados

O Whatsapp é um dos mais populares aplicativos no Brasil, com mais de 38 milhões de usuários somente no Brasil e 430 milhões espalhados pelo mundo. Na empresa, é natural que você e seus colegas de trabalho usem esta ferramenta gratuita para agilizar ainda mais a comunicação entre todos, porém não justifica algumas atitudes abusivas de alguns usuários.

Eu confesso que adoro o Whatsapp pela rapidez e proximidade que ele me conecta com as pessoas, por isso uso bastante este aplicativo e até hoje não tinha percebido que também estava abusando desta ferramenta. Eu tinha hábito de enviar mensagens tanto de texto, quanto de voz, aos meus amigos, pessoas que trabalham comigo, parceiros de trabalho e até clientes, independente da hora sem perceber que poderia estar invadindo o espaço deles.

O tema deste livro foi sugerido pela minha assistente, que via Whatsapp respondeu minha mensagem tarde da noite sugerindo que escrevesse sobre chefes que enviam mensagens a todo momento. Não sei se foi uma indireta, mas o toque funcionou para mim, então resolvi escrever a respeito e repassar algumas dicas para usarmos de forma produtiva o Whatsapp no trabalho:

- Não espere que a pessoa responda imediatamente sua mensagem sobre um trabalho após o expediente. As pessoas têm vida fora da empresa, pelo menos deveriam ter... Procure se ajustar ao horário comercial.

- Se um colega de trabalho estiver de férias, folga ou for final de semana, evite enviar mensagem com perguntas que nem sempre são urgentes e nem precisariam ser feitas num sábado à noite ou num domingo. Pense bem, se realmente fosse urgente com certeza faria uma ligação. Não incomode quem não precisa ser incomodado!

- Ao perceber que a pessoa está *on-line* no Whatsapp, não vale ficar enviando mensagens como: "cadê você?"; "não vai responder?"; "por que não me respondeu ainda?; "o que está fazendo acordado essa hora?". Esta atitude é invasiva e por isso pode gerar conflitos.

- Se você tem o Whatsapp do seu chefe também não vale enviar mensagens perguntando sobre aumentos salariais, oportunidades na empresa e decisões estratégicas.

Definitivamente você não pode controlar que os outros tenham bom senso na hora de enviar mensagem, mas pode controlar como reage a esse excesso de mensagem.

Sempre temos opção de escolha. Da mesma forma quando alguém liga no celular, podemos ou não atender a ligação. Quando alguém envia sms, torpedo ou Whatsapp, podemos responder imediatamente ou simplesmente estabelecer critérios de trabalho.

Já que a linha divisória entre trabalho e vida pessoal não existe mais, você é o único responsável por definir seus limites.

Recomendo uma atitude que funciona para quem recebe muitas mensagens após horário de trabalho: simplesmente desligue o seu celular! Simples assim! O mundo não vai acabar se ficar desconectado por algumas horas e acredite em mim, sua empresa vai continuar apesar de você estar *off-line*.

Sorria, você já foi marcado!

É fato que não temos mais privacidade com toda tecnologia. Mesmo contra sua vontade, seus amigos podem tirar uma foto sua ou até mesmo indicar sua presença em qualquer lugar fazendo o famoso "check in".

Tudo pode parecer muito normal hoje em dia, mas quando voltamos esta falta de privacidade para o trabalho temos que ficar atentos para um perigo eminente.

Em nome da segurança, muitas empresas (legalmente) já estão monitorando os conteúdos das mensagens de envio e recebimento dos seus usuários. Por causa disso, sempre oriento que conteúdos particulares sejam destinados para e-mails pessoais. Mas esta linha divisória entre sua vida profissional e pessoal já não existe mais.

Recentemente vimos casos de demissão de profissionais que não tiveram fora do trabalho uma conduta condizente com a que sua empresa pregava, ou seja, o que você anda fazendo fora do horário de expediente pode te prejudicar na empresa.

O que me preocupa no excesso desta exposição são os prejulgamentos infundados. Somos pessoas com vários interesses diferentes, que vão além do trabalho. Nem sempre todos conseguem trabalhar em algo que se identificam 100% e por isso se dedicar a um *hobbie* diferente é a válvula de escape para lidar com a pressão do trabalho no dia a dia.

Vou contar um caso que presenciei de perto. Um funcionário exemplar da linha de produção de uma multinacional da indústria automobilística também tinha gosto pela dança. Perfeitamente normal. Por trabalhar num ambiente fabril, preferiu não comentar sobre seu *hobbie* para colegas da empresa. Acontece que o grupo de dança fez uma apresentação de sua coreografia num evento privado e uma foto foi tirada (por alguém desconhecido) deste funcionário dançando e foi espalhada de forma vexatória pelos murais da empresa. Este funcionário sofreu com as gozações dos colegas e acabou pedindo demissão da empresa que trabalhava há mais de 12 anos! Mais uma vítima da exposição virtual.

Já não é mais segredo que selecionadores analisam seu perfil nas redes sociais antes de convocar para entrevista. Em minha opinião, não há nada de errado em dar uma olhada no perfil dos candidatos para conhecê-los um pouco melhor, no entanto, tenho percebido que as redes sociais estão sendo utilizadas de forma questionável por alguns selecionadores de recursos humanos. Uma coisa é olhar perfil de alguém com intuito de conhecer melhor seus hábitos, outra coisa é julgar um profissional por seus *hobbies* e interesses.

E a má notícia não para por aí. Já tem empresas criando vagas para profissionais bisbilhotarem os conteúdos e pensamentos que seus colaboradores postam nas redes sociais.

Esta vigilância permanente nos levará a uma sociedade de profissionais falsos? Sou incapaz de responder esta pergunta mas, enquanto isso, preste atenção no que anda postando! O que você divulga vira público e poderá te perseguir por muito tempo. O que você pensa a respeito? Qual sua opinião sobre esta temática?

Diferenças entre consultoria de recolocação profissional, *outplacement*, *headhunting* e *coaching* executivo

No amplo mercado de serviços há inúmeras empresas profissionais de RH que se propõem a oferecer consultoria com o objetivo de auxiliar o profissional em busca de uma recolocação no mercado de trabalho.

Escolher a empresa ou profissional ideal para ajudá-lo é uma tarefa difícil, por isso é importante conhecer as diferenças de cada tipo de atividade:

Recolocação profissional: consultoria que oferece apoio e orientação para facilitar o processo de recolocação profissional no mercado de trabalho. Como pessoa física, você contrata esses serviços e arca totalmente com os seus custos, estando empregado ou não.

Outplacement: prática profissional elaborada com o objetivo de conduzir com dignidade e respeito os processos de demissão nas companhias. Essa solução faz bem para os profissionais dispensados e representa um importante diferencial competitivo, capaz de minimizar os impactos do desligamento. Os custos são todos da empresa, o demitido não tem nenhum ônus.

Headhunter: também conhecido como caça-talentos, é um consultor cujo trabalho se resume em recrutar e selecionar no mercado profissionais de alta *performance* para uma determinada empresa.

Coaching **executivo:** processo interativo que ajuda o profissional a aprimorar seu desempenho e a alcançar resultados extraordinários.

Atualmente, muitas organizações contratam este serviço para apoiar o desenvolvimento de seus gestores, ajudando-os a reorientar suas atitudes para que estejam alinhadas aos seus talentos, preferências, objetivos, valores e missão de vida, visando um maior equilíbrio entre vida pessoal e profissional, tornando-os mais eficazes em sua posição atual e promovendo o preparo para futuras promoções. Esse tipo de serviço também pode ser contratado diretamente pelo profissional interessado em alcançar melhores posições ou reorientação de carreira profissional.

Por fim, qualquer pessoa que esteja pensando em contratar algum destes serviços deve se atentar às diferenças. É importante fazer uma pesquisa no mercado para averiguar a idoneidade e a capacitação da empresa.

Tenho um bom trabalho, mas não me sinto realizado. O que fazer?

A busca pela realização no trabalho é o que motiva muitos profissionais a levantarem da cama todos os dias e enfrentarem as dificuldades na empresa. Constantemente recebo queixas de profissionais que apesar de terem um bom trabalho, não se sentem plenos e realizados.

O que muitos profissionais desejam é terem reconhecimento pelo seu trabalho, pela sua capacidade de realizar as coisas que lhe foram confiadas. A realização vem através das necessidades de cada indivíduo, as pessoas precisam estar satisfeitas.

Por falar em necessidades, a de realização profissional se baseia na **pirâmide de Maslow**, que define um conjunto de cinco necessidades descritas de forma hierárquica em uma pirâmide. Começando da base onde se encontram as necessidades mais básicas – as fisiológicas –, depois a necessidade de segurança, depois a social, a de autoestima e no topo da pirâmide a necessidade de autorrealização. Maslow explica que quando as necessidades mais baixas estão satisfeitas, logo passa para a camada superior, até chegar ao topo da pirâmide, onde está localizada a autorrealização.

A autoestima e o autoconhecimento são as bases para uma pessoa alcançar a realização, pois é através deles que o profissional irá saber o que é bom para si e quais os pontos que deve melhorar para alcançar seus objetivos sem nunca desistir de caminhar em direção ao seu crescimento pessoal e profissional.

Deixando as teorias motivacionais de lado, vamos para a prática e para a realidade do seu dia a dia. Como saber então se realmente sou realizado na empresa?

Você só vai saber e alcançar essa tão desejada realização profissional se souber exatamente o que isso significa para você.

Já considerou que o significado de realização profissional para mim pode ser diferente de ser realizado para você? Conheço profissionais que a realização se baseia num salário atrativo, outros buscam experiência e conhecimento, outros benefícios que a empresa pode oferecer, outros buscam segurança e estabilidade, muitos simplesmente só querem ser reconhecidos e valorizados pelo trabalho que executam.

Por isso não existe e você nunca irá encontrar uma definição padrão para realização profissional. Ela está dentro de você. A palavra-chave relacionada à realização é o autoconhecimento. O ser humano deve olhar para dentro de si mesmo de forma a enxergar e a lapidar aquilo que ele tem como conceito de sucesso.

Isto significa que, antes de escolher trabalhar em uma empresa, a pessoa deve conhecer seus valores e crenças, de forma a conjugá-los com os da empresa. Se houver identificação com os valores da empresa então aí sim deve aceitar o trabalho, caso contrário nem arrisque, pois certamente ficará insatisfeito num curto espaço de tempo.

Vejo ainda alguns profissionais escolhendo o trabalho errado. Muitos acreditam que quando estão buscando um trabalho e uma empresa oferece uma vaga qualquer, deve aceitar imediatamente e se adaptar a todas as condições que a empresa exige, como se fosse a última oportunidade. Pautam suas escolhas no impulso, sem avaliar a empresa. Acontece que as consequências certamente chegarão e em pouco tempo estará se queixando de que tem um trabalho bacana, mas que falta algo.

O profissional realizado enxerga propósito em suas tarefas, vê seu trabalho como uma forma de proporcionar crescimento pessoal, pois é através dele que irá desenvolver todo seu potencial e experimentar resultados extraordinários.

Agora, se atualmente está numa empresa que não tem nada a ver com seus valores, a dica é: aqueça seu currículo no mercado! Porém, antes de sair enviando seu currículo sem critérios, faça uma triagem das empresas que gostaria de trabalhar, pesquise seus valores e verifique se estão de acordo com os seus.

Somente com valores congruentes que você poderá experimentar a realização profissional.

Permanecer no seu emprego atual ou mudar de profissão?

A insatisfação com a profissão escolhida ou com a atividade exercida é um problema mais comum do que se imagina. Afinal, quem nunca acordou com aquela vontade de tirar o dia de folga? Eu mesma já passei por isso várias vezes e essa insatisfação, que pode ter várias causas, nem sempre quer dizer que é a hora de mudar de carreira.

Mudar de carreira é uma atitude radical, por isso, é importante fazer uma boa reflexão para identificar se a mudança é realmente necessária ou se a insatisfação está no estilo de vida. Muitas vezes, observamos outros profissionais obtendo sucesso em suas carreiras e tendemos a achar que a vida deles é mais fácil do que a nossa. Assim, fica parecendo que mudar de profissão é mais fácil do que mudar de atitude dentro da empresa.

Ao mesmo tempo, é importante saber que nunca é tarde para se realizar em uma nova profissão que traga satisfação e compensação monetária.

Como *coach*, sempre indico que a melhor forma de identificar a necessidade da mudança é responder algumas questões importantes:

1. Gosto de fazer o que estou fazendo agora?
2. Vejo-me fazendo a mesma coisa nos próximos cinco anos?
3. Eu ficaria feliz mudando de área na mesma empresa?
4. Vale à pena mudar de função na minha empresa?
5. Eu ficaria feliz se me oferecessem uma promoção na empresa?
6. Me interesso por outro departamento na empresa atual?
7. Identifico-me com meus colegas e com a empresa na qual trabalho?

Se a resposta para todas as perguntas acima foi negativa, talvez seja mesmo a hora de pensar em mudanças. Se for esse o caso, reúna toda sua coragem e saia para procurar um novo campo de atuação. A melhor maneira é começar com pequenas ações, mas com foco, que irão direcionar suas decisões da maneira mais fácil e correta.

1. **Faça um planejamento real:** muitas vezes, uma mudança significa salário menor, mudança de estado e até sacrifícios físicos. É importante conversar com pessoas que atuam na carreira desejada. Questione abertamente sobre as dificuldades e dilemas do dia a dia.
2. **Comece com um trabalho paralelo:** essa estratégia permite que você se mantenha no emprego atual en-

quanto faz outros trabalhos relacionados ao seu novo objetivo na carreira. Fazer trabalhos *free-lancers* é uma boa alternativa para começar a traçar um novo "alvo" de trabalho e não ficar tão "dependente" do emprego atual.

3. **Se programe financeiramente:** observe se você tem economias suficientes para não passar por dificuldades financeiras durante esse período de transição. Nem pense em tirar férias ou comprar algum bem que possa limitar seu fôlego financeiro. O ideal é fazer uma reserva financeira que garanta honrar as contas por pelo menos um ano.

4. **Volte a estudar:** pré-requisito básico se você pretende entrar em um campo que requer cursos especializados ou um trabalho muito diferenciado do que estava acostumado a fazer. Cursos especializados fazem com que você aprenda os detalhes e segredos da nova área, dão maior credibilidade ao profissional e mais confiança ao empregador.

5. **Escolha o que escolheu e não olhe pra trás:** ao tomar sua decisão de mudança, foque neste caminho e tenha disciplina. Saiba que vai lidar com os fatos difíceis, pragmáticos e terá que fazer o necessário para que as coisas aconteçam. De nada vai adiantar ficar olhando para sua antiga profissão quando tiver passando por uma dificuldade. A síndrome da "grama do vizinho é mais verde que a minha" pode prejudicar sua caminhada.

Fernando Veríssimo disse que *"Sua vida não muda quando seu chefe muda, quando sua empresa muda, quando seus pais mudam, quando seu (sua) namorado(a) muda, sua vida muda quando você muda! Você é o único responsável por ela."*

Você quer ser o meu mentor?

Esta questão de orientar e se responsabilizar por alguém tem sido um tema recorrente em qualquer seminário sobre carreira que participo. É tema central de *blogs*, artigos de jornal e relatórios de pesquisa. Muitos jovens estão seguindo o conselho tão repetido de que, se quiserem subir na empresa, precisam encontrar "mentores" (pessoas que lhes deem conselhos e orientação) e "patrocinadores" (pessoas que utilizarão sua influência para recomendá-las).

Para deixar claro, a questão não é se a orientação é ou não importante. É importante. A orientação e a recomendação são fundamentais para o avanço profissional. Homens e mulheres que tenham quem os recomende têm mais chance de conseguir tarefas além de suas atribuições e aumentos salariais do que seus colegas que não tenham o mesmo patrocínio. Infelizmente para as mulheres, os homens têm mais facilidade em adquirir e manter esses contatos. Um estudo recente mostra que os homens têm uma tendência significativamente maior que do que as mulheres de serem recomendados, e que os que têm patrocinadores estão mais satisfeitos com seu ritmo de avanço profissional.

Será que procurar um mentor se tornou o equivalente profissional de esperar o "príncipe encantado"? Todas nós crescemos ouvindo histórias da bela adormecida que ensinam as moças que, se simplesmente esperarem o príncipe chegar, receberão um beijo e serão levadas em cavalo branco para viverem felizes para sempre. Agora, as moças aprendem que, se simplesmente esperarem o mentor certo, receberão um empurrão na carreira e serão levadas para um escritório com janelas onde viverão felizes para sempre. Mais uma vez, estão ensinando as mulheres a depender demais dos outros.

Em contrapartida, alguns jovens estão tomando mais iniciativa em procurar um mentor. E embora eu aplauda este comportamento ativo, essa energia às vezes é mal dirigida. Por mais fundamentais que sejam essas ligações, provavelmente não se desenvolverão perguntando a alguém que mal conhece: "você quer ser meu mentor?" ou o que é pior: "você pode me indicar pra aquela vaga?".

As relações mais sólidas nascem de uma ligação concreta de ambos os lados, muitas vezes conquistada com esforço.

Se pedir a um desconhecido para ser seu mentor raramente ou nunca funciona; abordar um desconhecido com uma consulta específica e bem-elaborada pode render resultados. Os estudos mostram que os mentores escolhem seus protegidos pelo desempenho e pelo potencial. Por onde passo vejo isso acontecer na prática também. As pessoas investem intuitivamente naqueles que se destacam pelo talento ou naqueles que realmente são capazes de aproveitar a ajuda.

Os grandes gurus da administração precisam parar de dizer: "Consiga um mentor e você se destacará". Em vez disso, seria mais proveitoso lhes dizer: "Destaque-se e você conseguirá um mentor".

A dinâmica é muito simples: foque primeiro nos seus resultados para conseguir um mentor, depois como consequência terá o patrocinador, nunca o contrário.

Mas como conseguir ter acesso a um grande executivo que admiro para tentar fazer com que ele seja meu mentor? Aqui vão algumas dicas:

- É possível prender atenção ou interesse de alguém em um minuto, mas apenas quando a abordagem é planejada e construída para aquela pessoa. Chegar com perguntas vagas do tipo "Como posso arrumar novo trabalho?" ou "Será que estou no caminho certo da minha carreira?" mostra mais ignorância do que interesse.

- Obter atenção de alguém de alta posição com excelente desempenho funciona, mas não é a única maneira de conseguir um orientador. Tenho visto profissionais agarrarem agilmente uma brecha depois de uma reunião ou alcançarem no corredor um superior respeitado e muito ocupado, para pedir conselho. O contato é rápido e informal. Depois de adotar aquele conselho, o aspirante reaparece para agradecer e então aproveita a oportunidade para pedir mais orientação. Sem nem mesmo perceber, o mais graduado acaba se envolvendo e investindo na carreira do subordinado. A palavra "mentor" nunca precisa aflorar. A relação é mais importante que o nome.

- Vale a ressalva de que o nome em si está aberto a várias interpretações. Há pessoas que acham que um mentor é aquele que realmente acompanha o trabalho, alguém com quem conversar pelo menos uma hora por semana. Isso não é um mentor, é um terapeuta! Poucos mentores têm tempo para ficar paparicando demais. Em sua maioria estão ocupados com o próprio trabalho, altamente estressante.

Portanto, mãos à obra para maximizar ainda mais suas oportunidades de carreira!

Todo mundo devia largar o emprego ao menos uma vez na vida

Por que muitas pessoas se sentem infelizes em seus trabalhos? Sem dúvida podem estar sofrendo com uma sobrecarga crônica. Normalmente chegam exaustas em casa após um dia estressante e após várias horas no transporte público, cansadas demais para procurar outros *hobbies*, sair com os amigos ou dedicar sua energias à vida familiar. Podem apreciar diversos aspectos de seus trabalhos, mas não gostam de receber diariamente ordens de chefes insuportáveis. Não querem que seus fins de semana sejam invadidos por mensagens de texto e e-mails do escritório. Falam da "rotina" ou de serem "escravos do salário" ou de "não terem tempo suficiente para equilibrar trabalho e vida pessoal". Sonham com mais tempo livre, mais autonomia, mais espaço em suas vidas para relacionamentos e para serem elas mesmas.

Será que é realmente possível encontrar um trabalho em que possamos prosperar e nos sentir realmente vivos? Sim, é possível, mas os passos nessa direção não são tão simples assim.

Na verdade, pouquíssimas pessoas hoje são capazes de mudar de carreira sem passar por um período turbulento de incerteza sobre a direção a seguir. Tenho observado que o maior empecilho para mudança rumo à satisfação no trabalho não são as infinitas possibilidades de carreira existentes, mas sim a dependência financeira.

Poucas pessoas tendem a ignorar o dinheiro completamente ao tomar uma decisão profissional: todos nós temos dívidas, contas para pagar e família para sustentar, mas muitos profissionais entraram em um círculo vicioso, em que para se sentirem pouco melhores com tamanha insatisfação profissional, buscaram gratificação imediata no consumo desenfreado e se endividaram, por isso se colocaram na posição de "reféns" da empresa atual.

Como seria a sua vida se você tivesse liberdade financeira?

O que o seu trabalho atual está fazendo com você como pessoa, com sua mente, seu caráter e seus relacionamentos? Quando vai tomar atitude para se organizar e sair deste cenário de aprisionamento profissional?

Quando as pessoas são questionadas sobre o que lhes proporciona satisfação no trabalho, raramente o dinheiro aparece no topo da lista. O que realmente aparece é "fazer a diferença para as pessoas", "qualidade de seus relacionamentos no trabalho" e "respeito".

Precisamos ter coragem de ir além e explorar exatamente a realização profissional que desejamos alcançar. Queremos seguir os atrativos cintilantes do dinheiro e do *status*, ou queremos ser guiados por nossos valores, talentos e paixões em busca por sentido? Dostoiévski disse que o castigo mais terrível para qualquer ser humano seria a condenação a uma vida inteira de trabalho absolutamente desprovido de utilidade e sentido.

Liberte-se das amarras financeiras que você mesmo se colocou. Buscar uma ajuda profissional pode se fazer necessário. Só assim será livre para buscar um trabalho de significado, satisfação e plenitude.

Festa de final de ano na empresa

Como acontece todos os anos, os colaboradores já começam a receber convites para as festas de fim de ano das empresas em que trabalham. Não é novidade para ninguém, mas vale a lembrança de que as gafes comportamentais entre familiares e amigos podem não ter consequências graves, mas o cenário muda quando os colegas de trabalho estão no ambiente.

Mesmo em clima de confraternização, infelizmente, são nessas festas que, se a empresa tem alguma ressalva contra o funcionário, o seu comportamento pode contribuir muito para sua permanência.

Para que uma simples festinha corporativa de final de ano não se transforme em armadilha contra seu emprego, aqui vão algumas dicas para você não passar da conta.

- Você já sabe que o principal agente da "vergonha do dia seguinte" é o álcool. A festa na empresa é uma tremenda arapuca se tiver bebida alcoólica, pois a língua fica destravada. Portanto, se controle! Se você não consegue ter limites e controle entre uma taça ou outra, nem comece a beber.
- Deixando a bebida de lado, sóbrio também é possível dar algumas "mancadas". Geralmente, toda festa tem música para descontrair o ambiente, mas dançar de forma "exagerada", mostrando sua habilidade na velocidade máxima da dancinha do "créu", pode arranhar sua imagem profissional.
- O tal do amigo secreto. Atenha-se sempre ao valor estipulado. Essa regra vale até mesmo se o sorteado for o seu chefe. Cuidado com presentes muito íntimos: *lingerie*, pijamas e perfumes. Livros e CDs são excelentes opções.
- Um dos objetivos da confraternização é entrosar os funcionários, então todo mundo merece um Feliz Ano Novo, inclusive os colegas que você mal conhece. Demonstre simpatia e mostre o seu lado divertido para os colegas. Mas, claro, não precisa ser o centro das atenções. Evite assuntos de trabalho, principalmente com o chefe. E nada de pleitear uma promoção quando o objetivo é desconstrair.
- E se pintar um clima romântico com algum colega da empresa? Recomendo discrição. A empresa não tem nada a ver com seus problemas pessoais, então não seja a pauta das fofocas de corredor do dia seguinte. Nada de abraços e beijos "calorosos", principalmente se a relação estiver no início, pense que pode ou não dar certo. Será que se não der certo você vai conseguir conviver com a pessoa numa boa, de maneira produtiva na empresa?

Devido a todos esses cuidados com comportamento na festa da empresa, muitas pessoas preferem não participar da confraternização. E o que acontece com quem resolver dar o cano?

A minha sugestão é simples: vá. Quem faltar terá que dar explicações. A verdade é que não existem boas explicações para não ir. Mas eu diria mais, quem não gosta dessa festa deve fazer um esforço para mostrar que gosta e que faz parte do time. Qualquer pessoa que não gosta de festa da empresa pode suportar por algumas horas essa pequena comemoração. É apenas uma vez por ano. E o resultado será uma repaginada positiva na sua imagem.

Então, leve juntamente com sua cara de felicidade a coragem, paciência e bom humor e tenha uma boa festa!

Demissão responsável

Demitir faz parte das atribuições de qualquer gestor. O modo como são realizados os processos de demissão, no entanto, diferencia uma empresa da outra e revela seu modelo de gestão de pessoas e o grau de consciência de sua responsabilidade no contexto social. Toda demissão, quando mal conduzida, tumultua o ambiente de trabalho e a vida de todos os envolvidos, mas principalmente do demitido. Não são mais justificáveis casos de demissão conduzidos sem planejamento e respeito pelo ser humano. Portanto, vejamos alguns cuidados que o gestor deve considerar:

1. O processo da demissão deve ser **planejado**, neste ponto o suporte da área de RH é fundamental. Tenha certeza de sua decisão. Avalie se a decisão está baseada em fatos concretos, se não deve dar mais uma

oportunidade ao funcionário ou se existem outras alternativas.

2. Prepare toda a documentação necessária e tenha sempre em mãos todos os **cálculos** necessários para informar ao demitido, pois a primeira coisa que o demitido pensa é no fôlego financeiro que terá até conseguir uma recolocação.

3. Convoque o demitido para uma **reunião** curta, cerca de 10 minutos. Não delegue esta tarefa ao RH ou qualquer outra pessoa. A demissão deve ser feita pelo chefe direto do funcionário.

4. Dê a notícia na **parte da manhã** e dê preferência ao começo da semana. É mais fácil para a equipe absorver a notícia e o demitido poderá tomar atitudes profissionais imediatas ao invés de ficar "sofrendo" durante o fim de semana.

5. Vá **direto ao ponto**. Uma de suas primeiras frases deve ser algo do tipo "João, esta reunião é para lhe comunicar sua demissão devido a...". Neste momento, explique de forma clara e objetiva o real motivo da demissão. Nunca peça desculpas ou elogie em excesso. Frases como "Desculpe ter que fazer isto...", "sei que é injusto, mas..." e "não queria tomar esta decisão..." somente alimentarão os questionamentos e a raiva do demitido.

6. Explique claramente o que precisa ser **devolvido** e o que **pode ficar** com o demitido, como equipamentos eletrônicos, por exemplo.

7. Prepare-se para **administrar a reação emocional** do demitido e tenha paciência. Depois de ouvir a palavra "demissão", a pessoa pensará em mil coisas ao mesmo tempo e provavelmente não prestará muita

atenção no que você está dizendo. Esteja preparado para repetir algumas coisas e seja paciente.
8. Faça-o **assinar a documentação** antes de deixar a sala.
9. A informação discutida na reunião deve ser registrada oficialmente na empresa.
9. Na sequência **comunique a equipe**. Junte sua equipe e explique breve e objetivamente a causa da demissão, sem entrar em detalhes que exponham o demitido. Também cuide da comunicação externa, informando fornecedores e alguns clientes.
10. Reflita. O erro não foi somente do demitido. Foi também seu e da empresa, que não souberam escolher a pessoa certa para a função, ou não a souberam treinar e controlar. **Avalie o que poderia mudar na organização** para reduzir os casos futuros de demissão.

Essa lista não é exaustiva. Existem muitos outros fatores que podem ser específicos a cada caso. O mais importante é que qualquer demissão deve ser cuidadosamente planejada. O improviso somente causará problemas profissionais, éticos, gerenciais e legais.

Fui demitido! Como sacudir a poeira e dar a volta por cima

A demissão faz parte do jogo da vida profissional. O que o profissional faz com a sua demissão é decisivo para o sucesso ou o fracasso.

Da mesma forma que você poderá pedir demissão e deixar uma empresa a qualquer momento, respeitado o aviso prévio, é claro, a empresa também poderá te demitir. Cada um age em função dos próprios interesses. E sempre que um rompimento não é feito como um acordo mútuo, uma das partes sofre. É assim tanto nas relações profissionais quanto nas pessoais.

Pense na seguinte situação: se você está trabalhando em uma empresa e outra lhe oferece o dobro do salário, maiores benefícios e um cargo melhor, você pedirá a conta da empresa em que estava trabalhando, confere? A direção de sua empresa poderá se magoar com você. Assim também é no processo inverso, quando, por alguma razão estratégica, é a empresa que o demite – e aí é a sua vez de ficar magoado.

Se você foi demitido, encare o fato da seguinte forma: já passou. Sua demissão já está consumada. Assim é a lei do mercado de trabalho.

A questão agora passa a ser: como "sacudir a poeira" desse tombo para recomeçar e retornar ao mercado de trabalho?

1. **Não duvide de seu talento:** jamais duvide de seu profissionalismo e de sua capacidade de ser útil em uma organização. Se nesta última empresa essas características positivas não foram reconhecidas e utilizadas, esteja certo de que em outra empresa (se você for criterioso na escolha da próxima) você terá a oportunidade de mostrar suas competências.

2. **O que passou, passou e "bola pra frente":** não há como mudar o passado. Ficar se questionando por que não agiu de outra forma ou ficar lamentando porque as coisas não correram como você esperava é improdutivo e não mudará a realidade.

3. **Não culpe o mundo corporativo pelo que lhe aconteceu:** isso seria uma lamentável generalização. Não se despreza a música porque um cantor desafinou. Não se deixa de admirar o cinema porque alguns filmes não agradaram. Há ótimas empresas e ótimos empregos. Além disso, convenhamos que não foi o trabalho que o prejudicou.

4. **Agilize o envio de seu currículo para toda sua rede de contatos:** porém não espere decisões rápidas, seja

paciente. Procure participar de vários processos seletivos, essa é uma prática comum no mercado e não fique ansioso pois a resposta pode demorar. Enquanto você aguarda resposta de um contato feito, continue incansavelmente com sua campanha de recolocação, fazendo aquilo que chamamos de *network*.

5. **Não abuse das "fugas":** algumas pessoas têm uma tendência irresistível de compensarem suas preocupações com "fugas", ou seja, atividades que lhes dão enorme prazer e que supostamente ajudam-nas a esquecer ou suportar melhor problemas reais, como por exemplo dormir o dia todo ou até mesmo abusar da bebida.

Como tudo na vida, a moderação e o bom senso devem nortear o seu contato com a realidade: às vezes, em certas circunstâncias, pode até ser divertido fugir. Outras vezes, o remédio é enfrentar mesmo a realidade.

Recomendo que mesmo que permaneça em casa, seu dia deve ser encarado como um dia normal de expediente profissional. Você deve agir, portanto, como se estivesse trabalhando. Além disso, a qualquer momento, você precisará falar com alguém interessado na sua contratação, seja por telefone, seja pessoalmente. Nesses momentos, sua prontidão será decisiva.

6. **Nem tudo está bem, mas também não é o fim do mundo:** as situações devem ser tratadas conforme sua natureza e vivenciadas com a intensidade que lhes for adequada. Nem mais, nem menos. Não estou dizendo para simplificar o que é sério, muito menos dramatizar o que é simples. Encare a realidade com a devida responsabilidade e seja espontâneo com seus sentimentos.

Quando estiver em um processo seletivo, de nada vai adiantar tentar artificializar suas atitudes para mostrar ao entrevistador que está tudo bem e que não está preocupado com sua situação, pois isso pode passar a imagem de um irresponsável, bem como demonstrar um ar dramático de vítima despertará compaixão e venderá a imagem de "um pobre coitado".

Seja você mesmo, adequando seu comportamento ao momento. Se for a uma festa, divirta-se. Se for a uma entrevista, encare-a com seriedade e profissionalismo.

Tenho certeza de que você conseguirá dar a volta por cima em um curto espaço de tempo. Desejo sucesso em sua transição de vida e de carreira.

A hora da saída

É comum um profissional receber uma proposta de emprego enquanto trabalha em outra empresa. Neste momento, é necessário avaliar os prós e contras da nova oportunidade.

Mas como receber proposta de emprego se ninguém sabe quem eu sou, onde estou trabalhando e não conhecem meus resultados?

Sempre digo em meus treinamentos e palestras que a todo momento cada profissional deve checar quanto está valendo "seu passe" no mercado de trabalho. Isso mesmo, independente se está ou não procurando novo emprego, você deve fazer constantemente esta checagem. Vou além, o melhor momento para se fazer isso é principalmente quando está muito feliz com a empresa atual.

Cada profissional deve ter clara noção de que pertence ao mercado de trabalho e está "alocado" para prestar serviços em sua atual empresa por escolha própria.

Muitas pessoas ainda têm paradigmas em relação a enviar seu currículo para outras empresas; elas associam esta simples checagem de mercado a uma eventual "traição" com a empresa atual. Afinal de contas, a fidelidade entra nas relações corporativas?

Fidelidade é a capacidade de conservar, manter ou preservar as características originais, ou seja, manter as referências. Exemplos: fidelidade conjugal consiste na manutenção dos votos realizados por ocasião da união, fidelidade partidária envolve adesão a ideais políticos. Ou seja, fidelidade e mudança nem sempre combinam e não devemos pautá-las nas relações corporativas.

Vivemos em constante mudança. É difícil manter um equilíbrio entre ser fiel e conservar referências originais de quando aceitou aquele trabalho com as necessidades do mercado atual. Vale a ressalva de que não estou dizendo para não vestir a camisa da empresa, pelo contrário! Enquanto estiver prestando serviço àquela organização, deve mergulhar em seu propósito e dar o seu melhor sempre. Isso não significa que você não deve ficar atento às altas e baixas do mercado, saber quando suas competências estão em evidência e em que momento deve correr atrás para se manter competitivo e atraente para o mercado de trabalho.

Talvez a dificuldade esteja nas entrelinhas, no que nunca foi questionado, naquilo que nem sempre é conversado, mas que se acredita estar muito bem esclarecido: do que realmente se trata o acordo de trabalho.

O acordo de trabalho é muito simples, em linhas gerais, na maior parte das empresas acontece da seguinte forma: sua parte envolve doar seu precioso tempo, dedicação, ideias criativas, habilidades, técnicas e competências comportamentais para gerar resultados positivos para a empresa. A outra parte envolve pagamento de salário pelo serviço prestado, benefícios, boas condições de trabalho, proporcionar desenvolvimento etc. Não sei qual acordo você concordou em assinar. Os acordos geralmente variam de empresa para empresa.

Quando uma das partes não cumpre o acordado, existe uma quebra contratual, isso implica que você pode brigar com a empresa por ela não cumprir o acordado e, em contrapartida, a empresa pode te demitir por não retribuir o esperado.

É tão interessante quando o colaborador pede demissão da empresa para assumir um novo cargo em outra organização pois geralmente o clima na empresa é positivo, os colegas de trabalho cumprimentam pela oportunidade, você recebe votos de boa sorte em sua nova empreitada, em alguns casos a última semana naquela empresa é recheada com almoços e confraternizações de despedida do convívio diário com os colegas. No entanto, quando acontece o inverso – quando empresa demitir o funcionário –, o clima nem sempre é o mesmo.

A empresa tem compromisso com resultado e sabe que você pertence ao mercado de trabalho. Se o resultado da empresa estiver ruim, por melhor profissional que você seja, independente de cumprir com suas metas e do tempo de casa, provavelmente ela vai quebrar o contrato e te enviar novamente para o mercado de trabalho.

Por isso reforço a ideia de que você é um profissional de mercado prestando serviço para sua empresa.

Também o fato de receber proposta de outra empresa não significa que deva aceitar qualquer oportunidade. Avalie bem suas escolhas. Ser assediado por outras empresas só indica que suas competências estão em alta no mercado e por isso deve usar esta informação a seu favor. Afinal, se receber muitas propostas e estiver feliz com a empresa atual, neste caso, deve negociar melhores condições internamente. Se estiver infeliz, então é hora de mudar mesmo.

Agora se você enviar seu currículo e não receber nenhuma resposta, isso é sinal de que algo está faltando, então corra atrás para se desenvolver e se tornar competitivo de novo.

Faça hoje mesmo um bom currículo e jogue no mercado para checar quanto está valendo seu passe.

Despedida na empresa, como deixar as portas abertas

mesmo quando se esta pedindo demissão ou sendo demitido da empresa, a despedida é quase sempre um momento difícil na vida de um funcionário porque envolve forte carga emocional, mudanças, ansiedade e incertezas. Essa situação exige muito equilíbrio e jogo de cintura para não fechar as portas na empresa. Ser ético é a solução em qualquer situação.

Já diz o famoso ditado "O mundo é pequeno e dá voltas", e no mercado de trabalho é fácil as pessoas se conhecerem e se cruzarem com frequência. Quem, por acaso, não trabalhou com um novo companheiro que, coincidentemente, mantinha contato estreito com seus ex-chefes ou ex-colegas de empresa?

Além disso, uma vez que seus ex-colegas podem ser seus futuros colegas novamente, manter um bom relacionamento e bons contatos é fundamental para seu *networking*. Portanto, todo cuidado é pouco!

Se você pedir demissão: deve estar certo de sua decisão. Se você ainda tem dúvidas se aceita ou não o novo cargo, converse antes com amigos e parentes. "Nunca pergunte ao seu superior se você deve sair ou não. Isso pode soar como um leilão".

A primeira atitude após decidir deixar a empresa é marcar uma reunião, em um momento propício, para comunicar a sua decisão. Pondere bem o que dizer ao chefe quando for deixar a empresa. Suas palavras certamente serão determinantes para o sucesso ou o fracasso em manter as portas da empresa abertas para uma possível volta. Tenha argumentos racionais e objetivos que expliquem sua saída. Esteja preparado, seu chefe pode lhe propor aumento de salário, mudança de área, promoção ou nada disso.

É muito importante que você agradeça e elogie a empresa que você está deixando, sem mentir. Jamais saia falando mal da empresa ou chefe. Metralhar a empresa com um monte de críticas e apontar tudo o que não funciona pode ser muito ruim para o profissional e fechar diversas portas. No entanto, críticas pontuais que expliquem a sua saída devem ser ditas, sim, como assédio moral, descumprimento de algo conversado com o RH, falta de perspectivas de crescimento e desenvolvimento. Deixe que seu chefe faça a comunicação a seus colegas. Essa atitude evita crises, fofocas e mal-estar entre os que vão ficar.

Mas cuidado para não dar tiro no pé, desabafar suas frustrações para o chefe, dizendo coisas como: "estou indo embora porque aqui ninguém nunca valorizou meu trabalho" ou "prefiro recomeçar minha carreira do que trabalhar para alguém como você", isso pode servir como um desabafo, mas o levará a uma grande armadilha.

Se você for demitido: saiba que demissão nem sempre é sinônimo de incompetência. Muitas vezes, a demissão pode ser reflexo de um corte de gastos ou reestruturação e não estar necessariamente ligada ao desempenho do profissional. A melhor saída neste momento é tentar entender a situação. Peça ao seu chefe um *feedback* para fazer uma autocrítica, refletir e tentar melhorar, caso a demissão seja resultado de sua atuação como profissional.

Nada de se sentir injustiçado ou, pior, agir com imprudência e arrogância, menosprezando a companhia para a qual prestou seus serviços. Esta é, definitivamente, a destruição das portas que poderiam permanecer abertas para você.

Uma atitude equilibrada na hora do desligamento pode contar pontos a seu favor e ser um impulso para futuras indicações em outras empresas.

E lembre-se: ninguém sabe quem poderá ser o seu chefe ou colega de trabalho amanhã.

Por que a carreira de profissionais talentosos não decola?

Por que a carreira de profissionais promissores simplesmente não decola? Esta com certeza é uma dúvida que merece ser esclarecida. O que acontece com profissionais que possuem um currículo excelente, uma boa formação acadêmica, porém não conseguem fazer com que suas carreiras decolem rumo ao sucesso?

Uma pesquisa realizada pelo *Center for Creative Leadership* identificou algumas características de profissionais com grandes potenciais e cuja carreira não decolou, são elas: profissionais que intimidam; são ríspidos, frios, arrogantes; traem a confiança de seus subordinados ou pares;

são ambiciosos demais; apresentam problemas específicos de *performance*; são incapazes de pensar estrategicamente; são incapazes de delegar ou trabalhar em equipe e têm dificuldade de se adaptar ao chefe.

Pode-se verificar, segundo esta pesquisa, que esses profissionais fracassam mais por motivos pessoais e de relacionamento do que por falta de conhecimento técnico!

Sempre digo que a habilidade técnica é muito importante para sua carreira, afinal funciona como um "filtro" que te permite concorrer a qualquer processo na empresa, porém a habilidade comportamental é o que te faz conseguir a vaga, permanecer no cargo, ser promovido ou até mesmo demitido da empresa.

Ressalto aqui que investir em habilidades técnicas deixa o profissional sempre pronto para assumir novas posições e novas responsabilidades em eventuais promoções. É muito importante que invista em pós-graduação, MBAs, cursos de idiomas etc. Pesquisas comprovam que quanto maior o nível de instrução, maior o salário. Mas saiba que apesar de possuir muitas habilidades técnicas, nada vai adiantar se suas habilidades comportamentais não estiverem em ordem.

Entenda que sua carreira é uma coisa e seu emprego é outra. A diferença existe pelo fato de que a carreira é o seu negócio de vida e deve-se cuidar dela para que sempre prospere. Já o emprego é o caminho para alcançar os objetivos de sua carreira.

Deve-se ter em mente que, mesmo quando possui um bom emprego, a evolução da carreira não pode parar. Ficar sentado esperando a banda passar dificilmente vai te levar a alguma promoção. O profissional que entra na "zona de conforto", na estagnação, está fadado a perder o emprego.

Quem administra sua vida profissional busca empregos melhores, empresas mais estruturadas e que possibilitam crescimento.

Mas, voltando às habilidades comportamentais, para que sua carreira decole saiba que a inteligência emocional pesa muito na obtenção de bons resultados.

Se você sabe lidar bem com várias situações negativas e comportamentos das pessoas, transformando os problemas em soluções e as dificuldades em oportunidades para crescimento, significa que você possui essa habilidade de relacionamento.

De nada adianta ser profissional supercompetente, bem-preparado, se não consegue lidar com as pessoas ao seu redor. Como você poderá ser promovido a cargos de liderança se não sabe tirar o melhor de seus colegas, de seus subordinados, por pura inabilidade no trato com essas pessoas?

Outra habilidade comportamental é o de saber trabalhar em equipe. Se para quem não tem grandes pretensões profissionais o trabalho em equipe é importante, imagine para quem deseja alçar grandes voos! Saber se relacionar é fundamental e não é segredo para você, porque ninguém trabalha nem alcança o sucesso sozinho.

Por fim, caro leitor, para decolar sua carreira e alcançar novas perspectivas profissionais faça um exercício de autocrítica. Falo aqui para aprender com os erros cometidos, com a rotina do trabalho, com seus colegas e não só com cursos técnicos e formais.

Quem quer crescer profissionalmente tem que ter humildade para reconhecer que não sabe tudo e que vivemos um aprendizado constante. O que passou não tem volta, mas daqui para frente você tem poder para escolher qual será o destino de seu voo profissional.

Espero que você voe bem alto!

Viver para trabalhar ou trabalhar para viver?

Apesar de ser um velho dilema, continua sendo muito atual: será que você vive para trabalhar ou trabalha para viver?

Claro que todos nós almejamos bons salários, ou melhor, um salário que nos proporcione uma vida confortável, pague nossas contas, nossos estudos, honre as despesas da casa, permita desfrutar de lazer e bens de consumo desejáveis.

Para isso, trabalhamos horas e mais horas diariamente. Sempre buscamos nos capacitar profissionalmente, investindo em MBAs, idiomas, cursos profissionalizantes etc. Se o chefe nos pede para ficar até mais tarde no trabalho, dizemos sim, pois esta atitude poderá contar pontos na empresa.

A propósito, com o uso da tecnologia, não é mais preciso estar à sua mesa de trabalho para estar "disponível". O e-mail permite que você seja alcançado a qualquer momento. A linha divisória entre o trabalho e a vida pessoal do funcionário não é mais muito clara.

Na era digital, todos os funcionários podem estar, teoricamente, "a trabalho" 24 horas por dia. Infelizmente, essa acessibilidade e velocidade têm seu preço.

Chega o final de semana ou feriado prolongado, sua preocupação aumenta, pois sabe que o trabalho vai acumular nestes dias em que ficou "parado". Então, algumas pessoas tendem a ficar monitorando seu Blackberry e seu laptop de hora em hora para checar se chegou algum e-mail tido como "urgente" (e cá entre nós, hoje em dia tudo na empresa é urgente!) para que o desespero tome conta de você e, quando percebe, está trabalhando também aos finais de semana. Muitos se sentem até culpados quando estão em uma atividade de lazer, pois ela pode ser vista como fútil.

E assim vai a vida, passam-se as horas, dias, semanas e meses. E hoje, ao olhar o calendário, me dei conta...Como o tempo voa... Por isso é importante sim trabalharmos para viver, mas isso não significa que precisa viver trabalhando. O equilíbrio é a chave para nossa realização, tanto pessoal quanto profissional.

Precisamos equilibrar todas as áreas de nossas vidas: intelectual, profissional, lazer, espiritual, relacionamento íntimo, relacionamento familiar, área financeira, área física (corpo e saúde), relacionamento social e emocional.

Qual é seu nível de satisfação em cada uma destas áreas citadas acima?

Responder esta pergunta é um dos exercícios que fazemos nos trabalhos de *Coaching*. Chama-se Roda da Vida. Trata-se de um sistema de autoavaliação composto por um círculo com dez divisões. Em cada uma destas divisões é definida uma área da vida, conforme citado no parágrafo anterior, considerada fundamental para a conquista do equilíbrio pessoal.

Cada área deve ser avaliada atribuindo-se uma pontuação de 0 a 10 que reflita como está hoje seu nível de satisfação em cada uma delas.

O objetivo é obter pontuações iguais ou próximas em todas as dez áreas, assim terá o tão desejado equilíbrio em sua vida. Caso o nível de satisfação esteja muito desregulado, é importante desenvolver um plano de ação para melhorar o que não está satisfatório.

Parar para refletir pode ser um bom caminho para quem procura realizar as mudanças necessárias para alcançar uma vida de plena satisfação e equilíbrio.

Seu trabalho é apenas uma das várias áreas de sua vida. Dedique-se ao trabalho, mas, além disso, estabeleça limites, prestando atenção nas outras áreas também. A questão não é dividir o tempo em partes iguais para todas as áreas, pois seria impossível, afinal o dia só tem 24 horas. O objetivo é ter o controle sobre seu comportamento, buscar equilíbrio em todas as áreas de sua vida e não deixar que o trabalho controle suas ações.

Experimente fazer esta autoavaliação para identificar se alguma área da sua vida pode ser melhorada para tornar você uma pessoa mais feliz. Vale à pena investir nesta descoberta pessoal.

Cuidado para não chutar o balde errado!

Quando as pessoas estão trabalhando, tudo o que mais querem na vida são as férias! Quem nunca ficou sonhando acordado com bilhete premiado da loteria para nunca mais precisar trabalhar?

Pois é, não dá para dizer nem de longe que seja ruim. Nas primeiras semanas é ótimo, porque você realmente se sente de férias, mas ainda melhor, já que sabe que não terá de voltar a trabalhar. Só que depois de três semanas, parece que a nossa cabeça automaticamente se prepara para voltar ao trabalho (força do hábito), e não ter um trabalho fixo pode não ser tão excitante quanto parece.

Quantos de vocês já reclamaram da empresa onde trabalham? Existem muitas pessoas que vivem de suas vidas apenas no nível do ambiente. Elas apenas reagem ao ambiente em que vivem. Tornam-se, portanto, vítimas desses ambientes.

Essas pessoas passam o dia inteiro no trabalho reclamando da empresa e culpando-a por todos os seus problemas. Dizem frases do tipo: "na minha empresa existem problemas que nenhuma outra tem. Você só vai acreditar se trabalhar aqui um dia. Por isso, não consigo progredir nem realizar todo o meu potencial". Colocam toda a culpa no ambiente. Chega um dia em que mudam de empresa. Passam-se alguns meses de "lua de mel" e vem a grande surpresa: a nova empresa tem os mesmos problemas da anterior. Alguns até piores.

Não adianta nada você mudar de ambiente e levar você com você. Os problemas tendem a se repetir. Isso acontece sempre que trabalhamos somente no nível do ambiente. Mudanças apenas no ambiente podem ser respostas a problemas ocasionais, mas dificilmente atacam as causas. Por isso, chamamos essas mudanças de remediativas. Elas apenas remediam o problema, mas dificilmente geram grandes mudanças.

Por isso, a importância do conhecimento da natureza humana. Precisamos de um contexto para entender a nós mesmos. O ser humano tem uma expectativa irreal de achar que está no seu melhor quando está fazendo nada. Quando, na verdade, os momentos memoráveis de qualquer pessoa está exatamente no período que mais foi produtivo. Isto compõe a natureza humana: sentir-se útil para algo.

Portanto, antes de chutar o balde na empresa, pare, pense e reflita sobre o que realmente está te incomodando. Busque desligar este piloto automático de sua vida, por meio do qual você não conduz, mas é conduzido por uma rotina sem sequer saber para qual direção. Quando entendermos o que se passa dentro de nós é que teremos a chave para poder liberar todo nosso potencial.

Quem nunca se achou bom demais para fazer determinadas tarefas na empresa?

O castigo mais terrível para qualquer ser humano, conforme Dostoiévski, seria a condenação a uma vida inteira de trabalho "absolutamente desprovido de utilidade e sentido". Ele tinha razão ao afirmar que o sentido é importante, mas percebo uma certa confusão dos profissionais ao imaginar o que realmente é o "sentido" do trabalho e como podemos encontrá-lo.

Podemos identificar os cinco aspectos comuns sobre sentido do trabalho: ganhar dinheiro, alcançar *status*, fazer a diferença, seguir nossas paixões e usar nossos talentos. Claro que esse tal de "sentido" tem que ser diferente para cada pessoa, mas o tema que quero abordar neste capítulo é que na ânsia pela busca do sentido no trabalho alguns profissionais estão fazendo a maior confusão.

Independente de qual seja o objetivo de sua vida profissional, este sentido só será percebido com o tempo e não imediatamente quando começa a desempenhar uma determinada tarefa.

Existe uma diferença entre realizar tarefas e o que compreende o trabalho em si. De uma forma bem resumida, podemos dizer que o trabalho será dividido em tarefas, algumas mais importantes que outras, mas todas são necessárias para realização de um bom trabalho.

Recebo reclamações recorrentes de profissionais que se acham bons demais para fazer aquela "pequena" tarefa na empresa. E, em alguns casos, na verdade realmente são, mas é daí que vem a confusão toda.

Observo profissionais que nunca trabalharam. Nos primeiros meses na nova empresa, alguns até nas primeiras semanas, desistem e querem mudar de emprego por acharem que não encontraram o tal sentido no trabalho.

É importante salientar que quanto mais no início de sua carreira estiver, mais atividades tidas como "pequenas" e de menor importância terá que fazer. A somatória destas tarefas que comprovarão o quão bom você realmente é, então, à medida que seus resultados vão sendo destacados, poderá escolher melhores tarefas para desempenhar. Mas isso requer tempo!

Não estou dizendo que deva ficar estagnado em um emprego que não atende mais a sua personalidade ou aspiração. Todos nós mudamos, aprendemos mais a nosso respeito e modificamos nossas prioridades e perspectivas. Isso não significa que tenha chegado a uma conclusão dessa logo no início deste seu trabalho atual.

Espere pelo menos um ciclo em sua empresa atual. Geralmente, um ciclo ocorre de seis meses a um ano na empresa. Faça toda e qualquer tarefa com excelência. A diferença entre fazer excelente uma tarefa e fazer de qualquer jeito (famoso "meia boca") te dará quase que o mesmo trabalho, mas os resultados são completamente diferentes.

Encontrar sentido no trabalho não significa que não tenha que lidar com tarefas chatas, insignificantes e pequenas. Pelo contrário, faça o que tem que ser feito com excelência e dedicação e dê tempo ao tempo. Esta simples ação já será um bom começo para encontrar esse tal sentido no trabalho.

Diga adeus ao chefe insuportável

Existem diversos tipos de chefes difíceis de lidar nas empresas. Alguns agem com desrespeito, xingam, gritam com o colaborador, humilham, limitam oportunidades por razões pessoais e infundadas.

Tudo isso faz do chefe um insuportável. Mas se soubermos ampliar esta vivência, os exemplos podem nos fazem crescer e aprender a como não agir com os outros.

É bem verdade que ainda existe esse tipo nas organizações porque existem funcionários submissos que se colocaram como reféns da empresa.

O refém corporativo é o funcionário que não tem noção de suas competências, não acumulou nenhuma reserva financeira ou contraiu dívidas e por isso tem que engolir esse desconforto para manter o emprego.

Como especialista em comportamento no trabalho, atuo em todo o Brasil em diversas empresas e segmentos. Geralmente, as empresas me contratam para potencializar resultados por meio das pessoas.

E foi com esse objetivo que visitei uma nova empresa e tive o desprazer de conversar com um líder que reclamava, humilhava e culpava todos colaboradores pelo seu fracasso como profissional.

Em poucos minutos de conversa estava claro que o problema na empresa não estava na equipe e sim naquele chefe insuportável.

Imediatamente rejeitei o trabalho, mas nem sempre foi assim. Só consegui recusar porque organizei minha carreira de forma a não me colocar no papel de refém em nenhuma empresa.

Recomendo as seguintes ações para que tenha liberdade em sua carreira:

1. Envie seu currículo regularmente para várias empresas com intuito de checar como anda seu passe.

Muitas pessoas ainda têm a crença de que pega mal ficar enviando currículo quando estão empregadas, mas o fato de receber proposta de emprego não significa que deva aceitá-la.

Isso indica que suas competências estão sendo vistas e valorizadas e te dará segurança de que está empregável. Se enviar currículo e não receber nenhuma resposta, já é um indício de que algo está faltando.

2. Tenha fôlego financeiro. Todos devem ter uma reserva equivalente a pelo menos um ano do seu salário atual. Veja bem, trata-se de uma reserva de segurança que devemos ter para nunca usá-la, mas se precisar terá onde recorrer.

A média de recolocação no mercado gira em torno de seis a oito meses, então por pelo menos um ano você poderá manter o padrão de vida enquanto busca oportunidade em outra empresa.

Essa segurança te deixará muito mais forte para arriscar e para escolher o melhor lugar para trabalhar.

3. Confie plenamente em seu potencial. Busque autoconhecimento e saiba de suas forças e fraquezas. O mundo de hoje é caracterizado por uma grande mobilidade e existem infinitas possibilidades de trabalho.

Quer obter sucesso profissional e mudar a realidade que vivencia convivendo com esses chefes insuportáveis? Então direcione suas ações a fim de obter o que deseja.

Existem muitos chefes espetaculares por aí ansiosos para trabalhar com pessoas tão competentes quanto você.

Não seja mais um refém corporativo. Quando se deparar com esse tipo de chefe medíocre, por favor, não hesite em demiti-lo e mandá-lo à merda!

No trabalho, jogue como homem, vença como mulher

Eu achava que a diferença de gêneros nas empresas já tinha acabado. Recentemente, me deparei com uma sucessão de fatos inusitados que me deixaram preocupada sobre o jogo do trabalho. O que mais me assustou foi presenciar o relato de várias executivas alunas minhas dos cursos de MBA. O título deste capítulo foi inspirado em Gail Evans, que pesquisou sobre como funcionam as regras do jogo nos negócios.

Hoje, as mulheres compõem quase a metade da força de trabalho. Entretanto, não desfrutam do mesmo poder que os homens. Qual seria o motivo? Ainda vejo muitas mulheres que não aprenderam o jogo do trabalho e suas regras nas empresas. Ainda encontro mulheres perdidas, como se estivessem participando de um jogo sem saber das regras.

Vejo cada vez mais mulheres ocupando altos cargos, mas isso não significa que elas são sempre bem recebidas quando conseguem avançar na hierarquia. Nas organizações somos julgadas segundo os padrões masculinos e não segundo nossos próprios padrões. Isso significa que os homens podem tomar determinadas atitudes livremente, mas nós, mulheres, não.

Como você lerá a seguir, existem algumas atitudes que diferenciam os sexos.

Se você entender as consequências desse tipo de atitude para sua projeção na organização, irá perceber que poderá usar para seu próprio proveito.

Para os homens que leem este capítulo, me digam depois se o que escrevo faz parte de sua realidade ou não:

1. **Eles podem chorar. Você não.**

A emoção está presente na empresa e, no caso das mulheres, espera-se que elas chorem. Quando elas o fazem, os homens acham que é por causa de um instinto natural ou, pior ainda, acreditam que usamos as lágrimas como um último recurso, um instrumento de manipulação para fazê-los se sentirem culpados.

Algum tempo atrás presenciei uma reunião em que o diretor de uma empresa, ao comunicar sua demissão para equipe, ficou com o rosto coberto de lágrimas durante sua exposição. Todos da empresa consideraram o choro um sinal de forte emoção e até de nobreza.

Conheci uma grande executiva que me contou que, devido a pressão pelas metas, na reunião com sua equipe não conseguiu conter as lágrimas. Resultado: zombaram dela. "Só podia ser mulher", disseram.

Os homens podem chorar, pois neles esta manifestação é algo inesperado e se fazem é por um bom motivo. Já no caso das mulheres, não funciona assim.

2. **Eles podem gritar. Você não.**

Quero que analise sua empresa por uns instantes. Ninguém se surpreende quando um homem eleva a voz no trabalho. Claro que não é um hábito bonito, mas vemos constantemente os homens demonstrarem sua raiva, ficarem vermelhos e soltarem fumaça pelo nariz. Quando uma mulher expressa sua raiva, as pessoas ficam assustadas e apreensivas, enxergam nela uma pessoa difícil e pouco feminina. Agem como se não tivessem o direito de gritar. Os homens costumam ver a demonstração de raiva como algo que não faz parte da personalidade feminina, julgando tais situações como "perda de controle".

Você tem todo o direito de ficar zangada, mas, quando isso acontecer, respire fundo, pense no que vai dizer e fale de maneira controlada. Assim sua atitude será entendida como demonstração de poder e não de falta de controle.

3. **Eles podem falar demais. Você não.**

Vamos imaginar a seguinte cena: Dois homens conversando no corredor da empresa. O que você pensa a respeito deles? Provavelmente, que o assunto é relacionado ao trabalho. Se o homem fala muito, é provável que está falando de negócios. Imagine a mesma cena com duas mulheres conversando no corredor da empresa. Se eu perguntar sobre qual assunto elas estão falando, provavelmente muitos dirão que trata-se de fofoca!

Infelizmente, as mulheres ainda têm a má fama de que falam demais. No trabalho, fique atenta para não cair nesta armadilha.

4. Eles podem ser feios. Você não.

Esse é um assunto delicado, mas tenho que falar sobre ele. Não são só as roupas que aguçam a censura das pessoas. Pode ser qualquer coisa, aparência, peso, até a respiração. As mulheres são recompensadas pelo capricho, pela letra bonita. Somos consideradas "boas meninas" quando estamos bem-vestidas e nos comportamos bem.

Os homens podem se safar das gafes sociais, pois desfrutam de certa imunidade quanto aos erros em relação à sua aparência. Vejam só os exemplos a seguir:

- Se um homem vai trabalhar com a barba por fazer, muitos poderão pensar que algum imprevisto o impediu de cuidar de sua aparência. Se uma mulher vai trabalhar com cabelo desarrumado ou sem maquiagem, ela pode ser vista como "relaxada" e que não cuida de sua aparência.

- Os homens podem até aparecer na empresa com gravata manchada, botões faltando ou meias trocadas. Será que uma mulher conseguiria sair ilesa com essa gafe? Muito pouco provável. Se a mulher aparecer com a camisa manchada, meia-calça desfiada, provavelmente dirão que ela não teve cuidados básicos.

- Quando uma mulher vai trabalhar com a camisa amassada, ela pode ser vista como "relaxada" ou até "desmazelada". Quando um homem está com a camisa amassada, muitos podem até pensar que a mulher dele é relaxada e que pena que ela o deixou sair assim de casa!

Espera-se que a mulher esteja impecável em relação à aparência.

Os detalhes são importantes, um passo em falso nos faz questionar nossa autoimagem, nossa competência e nossa identidade.

5. **Você será julgada por eles e por elas.**

A pior parte deste tema é que não são só os homens que nos julgam com tanta rigidez. Vejo muitas mulheres fazerem isso umas com as outras o tempo todo.

Vale a ressalva de que a mulher não tem que tentar ficar mais parecida com o homem, mas sim tentar ser ainda mais mulher. E, claro, saber jogar como eles.

Meu objetivo com este capítulo é alertá-las que, por mais que a diferença entre gêneros esteja menor no trabalho, não podemos negar que ela ainda existe!

Saber como funcionam as regras do jogo é a única maneira de as mulheres continuarem vencendo no trabalho e avançarem na hierarquia da empresa.

Um ano para pensar

Que tal um sabático para repensar sua carreira?

Repensar a carreira, estudar e conhecer outros lugares. Esses são alguns dos objetivos de quem decide apostar em um período sabático, prática crescente no Brasil nos últimos anos. O termo hebraico refere-se ao período de descanso que a terra passava após as colheitas. Atualmente, tem relação com a pausa que profissionais dão em suas carreiras.

Nem sempre é preciso sair do emprego para desfrutar de um período sabático. A questão é mais delicada, afinal ainda existem organizações mais conservadoras quanto ao período sabático, mas isso pode ser negociado com a empresa.

O mais importante é ter plena consciência que o sabático não é férias. Nem preciso comentar que o fato de estar desempregado também não significa estar em um período sabático. Trata-se de uma parada estratégica na carreira e por isso requer planejamento, principalmente financeiro. É o momento ideal para repensar as motivações pessoais e definir novas metas profissionais.

Por isso que o período sabático tampouco pode ser a fuga de uma vida ditada por ritmo intenso e estressante, pressão por resultados e falta de tempo. Ter tempo livre não garante que você fará o que não conseguia fazer quando trabalhava.

Muitos profissionais acham que não fazem as coisas que gostariam devido à falta de tempo. Isso é uma grande ilusão. Tudo na vida são escolhas e dependem de dedicação e disciplina, não importa se você trabalha 12 horas por dia ou não faz nada o dia todo. Se você não tiver dedicação e disciplina para focar nos objetivos que você quer atingir, você nunca vai alcançar.

A nossa vida é cheia de desculpas e quase sempre os culpados são o trabalho e, consequentemente, a falta de tempo que ele nos causa. Não precisamos saber nem "como" nem "onde", mas existe uma pergunta que todos nós devemos fazer sempre que começamos qualquer coisa: "Para que tenho que fazer isso?".

Você conduz ou é conduzido? Você escolheu ou foi escolhido por sua profissão, por sua empresa?

Período sabático pode ser uma experiência única e eu recomendo, mas o processo nem sempre é fácil e esta parada requer planejamento financeiro. Afinal, a pessoa pode demorar um pouco para retornar ao mercado, mas a chance de não ser reabsorvido é quase zero. Aproveite para estudar, ampliar sua visão de mundo, cuidar da saúde e ter contato com o diferente. Tudo isso vai te ajudar a enxergar infinitas possibilidades para sua nova etapa da carreira.

Conclusão

Comportamento no trabalho é uma das habilidades de maior importância. Primeiro, porque é no interior das empresas que passamos a maior parte de nossas vidas. Segundo, porque as empresas podem ser tudo, mas nada serão se não houver pessoas para realizar seus objetivos. Dito de outra maneira, empresas são construções sociais. Se é assim, penetrar na sutileza das interações humanas é de extrema relevância para que se possa entender o mundo dos negócios e nele atuar de forma produtiva.

Este livro tem caráter prático e privilegia teorias modernas e conceitos atuais. Espero que, na reflexão sobre os capítulos apresentados, você tenha a oportunidade de se autodesenvolver, uma vez que sabemos que cada profissional é responsável pelo seu próprio desenvolvimento e pelo sucesso de sua carreira.

"Aluno meu é condenado ao sucesso!"

"As melhores decisões são aquelas que vão ao encontro de nossos valores."

"Fazer uma tarefa com excelência ou fazê-la *meia boca* te dará quase que o mesmo trabalho. Mas os resultados são completamente diferentes."

Currículo

Mestre em Administração com foco em Comportamento Organizacional pela Universidade Municipal de São Caetano do Sul, possui MBA em Marketing pela Fundação Getulio Vargas e Bacharel em Administração pela Fundação Santo André.

Possui mais de 13 anos de experiência profissional, atuando com Gestão de Pessoas em diversas empresas. Com formação internacional em *Coaching* e especialização em Liderança, atua como *Coach* Executivo e Desenvolvimento de Carreira.

Colunista fixa do *UOL Empregos*, o mais visitado portal de notícias do Brasil para temas de comportamento corporativo, apresenta dicas semanais sobre *coaching* e carreira em diversos programas de rádio, veiculados também pela internet.

Autora de diversos artigos acadêmicos publicados em congressos e revistas no Brasil e exterior, tornou-se colunista de vários sites, revistas e jornais. Teve seu projeto publicado no livro "Os melhores projetos de MBA de 2002 pela FGV".

Professora dos cursos de MBA da Fundação Getulio Vargas desde 2007 para as disciplinas de Gestão de Pessoas, Comportamento Organizacional, Comunicação e Relacionamento Interpessoal.

Ganhadora do prêmio "Líder Empreendedor 2010", realizado pelo Congresso de Recursos Humanos FONATE.

Site: www.danieladolago.com.br

E-mail: daniela@danieladolago.com.br

twitter: @daniela_lago

Instagram: daniela_do_lago

facebook: Daniela do lago - Palestras, treinamentos e Coaching de Carreira

Conheça as nossas mídias

www.twitter.com/integrare_edit
www.integraeeditora.com.br/blog
www.facebook.com/integrare
www.integraeeditora.com.br